우리 역사의 힘이 된 9가지
책 이야기

재미있는 이야기 살아있는 역사 ⑮
우리 역사의 힘이 된 9가지 책 이야기

초판 1쇄 발행일_2012년 07월 11일
초판 2쇄 발행일_2013년 01월 25일

글_배수원 | 그림_곽성화 | 감수_백유선
펴낸이_박진숙 | 펴낸곳_작가정신
책임편집_윤소라 | 디자인_노민지
마케팅·홍보_백정민·김영란 | 관리_이재훈, 최미경
출판등록_1987년 11월 14일(제1-537호)
주소_(413-756) 경기도 파주시 문발동 파주출판도시 509-2 2층
전화_(02)335-2854 | 팩스_(031)944-2858
이메일_kids@jakka.co.kr | 홈페이지_www.kidsjakka.co.kr

글 ⓒ 배수원, 2012
그림 ⓒ 작가정신, 2012

ISBN 978-89-7288-998-4 73900

이 책은 저작권법에 따라 보호받는 저작물이므로, 무단 전재와 무단 복제를 금합니다.
이 책의 내용의 전부 또는 일부를 이용하려면 반드시 저작권자와 도서출판 작가정신의
서면 동의를 받아야 합니다.

* 책값은 뒤표지에 있습니다.   * 잘못된 책은 바꾸어 드립니다.
* 어린이작가정신은 도서출판 작가정신의 어린이 도서 브랜드입니다.

우리 역사의 힘이 된 9가지

책 이야기

배수원 글 | 곽성화 그림 | 백유선 감수

어린이 작가정신

글쓴이의 말

책 속에 담긴
책 이야기

배수원

여러분은 도서관에 자주 가나요? 아니면 서점은요?

저는 도서관이나 서점에 빽빽이 꽂혀 있는 책들을 볼 때면 책 속에는 어떤 내용이 담겨 있을까 궁금해서 마음이 설레곤 해요. 또 한 권의 책을 읽을 때마다 지식이 소복소복 쌓여 가는 기분이 들어 즐겁기도 하지요. 이렇게 책은 저를 기쁘게 하는 친구이자 선생님이랍니다.

여러분도 아마 책을 많이 읽을 거예요. 지금까지 읽은 책이 100권은 거뜬히 넘을 테고요. 읽은 책을 책꽂이에 꽂아 두고 볼 때마다 흐뭇하게 웃을지도 모르겠네요.

요즘에는 책을 구하기가 어렵지 않아서 읽고 싶은 마음만 있다면 얼마든지 읽을 수 있어요. 하지만 옛날에는 그렇지 않았답니다. 책은 자주 접하기 힘든, 아주 귀한 물건이었지요. 조선 시대만 해도 한글로 된 책이 많지 않아서 한자를 모르면 책을 읽을 수 없었어요. 또 인쇄된 책은 매우 귀했기 때문에 사람이 일일이 손으로 한 자 한 자 옮겨 써서 책을 만들어야 했지요. 그러다 보니 책값도 아주 비쌌답니다.

하지만 우리 조상들은 다른 어떤 나라보다 꾸준히, 그리고 열심히 책을 쓰고 만들었어요. 이렇게 만든 책들은 우리에게 어려운 상황이 닥쳤을 때나 정신적으로 힘들 때 큰 힘이 되어 주었지요. 또 우리는 지금까지 남겨진 이런 책을 통해 당시의 사람들이 어떻게 살았는지, 어떤 일이 있었는지, 보다 정확히 살펴볼 수 있답니다.

이 책 속에는 알게 모르게 우리 역사 속에 힘을 주고 기둥이 되어 준, 9권의 책에 대한 이야기가 담겨 있어요. 이야기책도 있고, 백과사전도 있고, 법전도 있지요. 아! 일기도 있고, 기행문도 있네요. 임금님의 명령으로 여럿이 함께 만든 책도 있지만 귀양지에서 쓸쓸히 혼자 쓴 책도 있답니다. 과연 이 책들은 어떻게 우리에게 힘이 되어 준 것일까요? 자, 우리 모두 흥미진진한 마음으로 책 속으로 들어가 봐요!

감수의 말

우리 역사와
문화가 담긴 고전 읽기

백유선 (서울 보성중학교 국사 교사)

　우리는 책을 통해 학습하고, 다른 사람의 경험을 살피며, 또 지혜를 얻고 있습니다. 그만큼 책은 경험과 지혜가 담긴 문화와 역사의 결정체라고 할 수 있습니다. 특히 오래전 조상들이 남긴 책은 '고전'이라 하여 더 소중하게 여기고 있습니다.

　우리 조상들은 일상에서 일어나는 모든 내용을 늘 기록하고, 글쓰기를 생활처럼 여겼습니다. 책을 써서 자신의 견해를 나타내는 것이 생활의 일부이기도 했습니다. 국가적으로도 역사, 윤리, 지리, 제도 등에 관한 책을 편찬하는 일을 게을리하지 않았습니다. 우리 조상들이 다른 나라에 비해 많은 책을 남긴 이유입니다.

　우리 조상들이 남긴 책들 모두가 잘 간직해야 할 문화유산이지만, 특히 소중하게 생각되는 책들이 있습니다. 심지어는 세계기록문화유산으로 정해진 책도 여러 권 있습니다. 이 책에서 소개하고 있는 고전들도 우리 역사에 힘이 된 매우 중요한 책들입니다. 『삼국사기』와 같은 역사책을 비롯해서 『홍길동전』 같은 소설, 『서유견문』과 같은 기행문에 이르기까지 모두가 소중한 문화유산입니다.

『우리 역사의 힘이 된 9가지 책 이야기』는 어린이들의 눈높이에 맞춰 소중한 우리 고전을 소개하고 있습니다. 고전을 직접 읽는 것이 가장 좋겠지만, 어린이들이 고전을 직접 읽는다는 것은 쉬운 일이 아닙니다. 그런 만큼 고전을 간추려 정리한 이 책을 읽는 것은 매우 의미 있는 일입니다. 아마도 고전을 직접 읽는 것보다 더 쉽고 빠른 방법으로 고전의 세계를 맛보게 해 줄 것입니다.

어린이 여러분, 『우리 역사의 힘이 된 9가지 책 이야기』를 통해 고전의 세계에 푹 빠져 보길 바랍니다.

차례

글쓴이의 말   4
감수의 말   6

1. 고대사 연구의 기틀이 된 가장 오래된 역사책   10
   삼국사기

2. 후대 소설에 영향을 미친 최초의 한문 소설   24
   금오신화

3. 조선 왕조 통치의 기틀이 된 성문법   38
   경국대전

4. 전쟁의 기록이자 충효 정신이 담긴 일기   50
   난중일기

5. 최초의 한글 소설이자 한국의 대표적인 고전 소설   62
   홍길동전

6. 실학자가 쓴 조선 시대 백과사전   76
   성호사설

7. 백성을 다스리는 바른 지침서   88
   목민심서

8. 조선 후기 실학자의 중국 여행기   98
   열하일기

9. 조선의 개혁을 위해 서양 문물을 소개한 기행문   110
   서유견문

김부식, 사직을 청하다

"무어라? 태자태보 김부식이 사직을 청했다고?"

인종의 목소리가 높아졌습니다. 태자태보는 동궁에서 왕세자의 교육을 맡아보던 종일품 벼슬입니다. 높은 벼슬에 있던 그가 갑자기 벼슬을 내려놓겠다고 하니 인종으로서는 놀랄 수밖에 없었습니다.

"그래, 무슨 까닭이라고 하더냐."

"그것이……."

인종이 다시 물었지만 김부식의 사직 상소를 손에 든 내관은 우물쭈물할 뿐 제대로 대답하지 못했습니다.

"흠, 태자태보를 들라 하라."

태자태보 김부식은 과거에 합격해 관직에 오른 이후 뛰어난 학문과 실력으로 고려의 큰 힘이 되었던 인물이었습니다. 마흔두 살 때는 송나라에 사신으로 다녀오기도 했습니다. 그는 임금의 명령을 받아 문서를 꾸미는 일을 맡아보던 한림원에서 20여 년간 일했는데, 그의 문장 실력은 누구도 따라올 수 없을 만큼 뛰어났습니다. 이러한 김부식의 글솜씨는 널리 알려져서 송나라에서 온 사신은 김부식을 가리켜 '글을 잘 짓고 역사에 밝아 그를 능가하는 자가 없다.'라고 기록할 정도였습니다.

잠시 후, 내관은 김부식이 도착했음을 알렸습니다.

임금을 만나기 위해 궐 안으로 들어서는 김부식은 일흔에 가까운 나이라고는 믿기지 않을 만큼 꼿꼿한 모습이었습니다. 풍채도 남들보다 컸고 발걸음도 씩씩했습니다. 하지만 하얗게 센 그의 머리를 보며 인종은 새삼 세월이 많이 흘렀음을 느꼈습니다.

"경이 사직을 청했다는 소식을 들었소이다. 어찌 된 이유요? 무슨 불편한 일이라도 있소? 말해 보시오. 내 무엇이든 들어주리다."

인종이 걱정스러운 목소리로 물었습니다. 하지만 김부식은 고개를 숙인 채 대답이 없었습니다. 한참 시간이 흐른 뒤 그는 이렇게 말했습니다.

"신이 그동안 전하의 은혜로 지금에 이르게 되었음은 잊지 않고 있사옵니다. 허나 이제 나이도 많은 데다 기력도 쇠하여 전하께 별 도움이 되지 못하옵니다. 하여, 고향으로 돌아가고자 사직을 청하오니 부디 허락해 주십시오."

"그런 말 마오. 경은 아직도 근력이 좋소. 그런데 어찌 조정을 떠나려는 것이오? 그대가 없으면 내가 누구와 나랏일을 의논한단 말이오."

인종이 고개를 돌렸습니다. 건강을 핑계 삼아 고향으로 돌아가겠다는 신하에게 섭섭함을 느꼈습니다. 그때 번뜩 떠오르는 생각이 있었습니다.

"혹시 윤언이의 사면령 때문이오?"

윤언이는 오래전 김부식의 보좌관이었던 인물로 묘청의 난을 함께 토벌한 공신이었습니다. 그러나 두 사람의 사이는 좋지 않아서 난을 토벌하면서도 사사건건 부닥치곤 했습니다. 그러자 난을 평정한 후 김부식은 윤언이의 죄를 물어 탄핵해 버렸습니다. 당시 하늘을 찌르는 김부식의 권력을 막을 사람이 없었기 때문에 윤언이는 그의 말 한마디로 지방의 고을로 쫓겨나고 말았습니다. 그러자 화가 난 윤언이는 스스로 관직을 버렸는데 얼마 전 인종이 윤언이에게 사면령을 내린 것입니다. 그래서 조정에는 윤언이가 곧 돌아와서 한자리를 할 것이라는 소문이 파다했습니다. 인종은 그 때문에 김부식의 마음이 상한 것은 아닌지 걱정한 것이었습니다.

"아닙니다, 전하. 제가 이 나이가 되어 그렇게 사사로운 일을 마음에 담아 두어 관직에서 물러날 생각을 했겠습니까. 다만 지금 물러나지 않으면 부귀에 연연하여 낚싯밥이나 탐하다가 결국은 죽게 될 터이니 미리 늙은 몸을 수습하여 젊고 어진 이들이 관직에 진출할 수 있는 길을 열어 주고자 하는 것뿐입니다."

김부식의 사직에 대한 뜻은 단호했습니다. 인종이 몇 번이나 그의 마음을 바꿔 보려고 애를 썼지만, 그는 끝내 마음을 바꾸지 않았습니다. 하는 수 없이 인종은 그에게 '동덕찬화공신(同德贊化功臣)'이라는 칭호를 내리며 사직을 허락했습니다.

"한 가지 부탁이 있소. 학문을 연구하고 벼슬한다는 지금의 학사 대부들은 우리 역사에 대해 아는 바가 너무 적소. 이것이 짐은 늘 안타까웠소. 사직을 허락하는 대신 그대의 뛰어난 글로 우리 역사에 대해 정리해 주시오."

"신에게 그런 중차대한 일을 맡겨 주시니 성은이 망극하옵나이다."

삼국의 역사를 정리하다

궁을 나선 김부식은 곧바로 자신의 집으로 돌아와 역사책 편찬에 열과 성을 다했습니다. 관직에서 물러난 상황이긴 했지만 역사책의 편찬은 왕명이었으므로 조금도 소홀히 할 수 없었습니다.

책의 편찬에는 김부식 외에 최산보를 비롯해 조정에서 파견된 여러 명의 하급 관료들이 함께했습니다. 이들은 주로 자료를 찾고, 완성된 글을 비교하고, 틀린 부분이 없는지 꼼꼼히 살피는 일을 담당했습니다. 그러나 핵심적인 내용 대부분은 김부식이 직접 써야 했기 때문에 일은 어마어마하게 많았습니다. 다행히도 그가 젊은 시절부터 틈틈이 공부해 온 역사 지식이 책을 편찬하는 데 큰 도움이 되어 주었습니다.

"대감, 여기에 모아 둔 설화들은 어떻게 할까요? 실제로 있었던 일은 아니지만 고대의 문화를 살펴보는 데는 도움이 될 것 같은데요."

사료를 정리하던 조사관이 김부식에게 물었습니다.

"내가 쓰려고 하는 역사책은 왕과 신하, 백성의 잘잘못을 가려 행동 규범을 드러내어 후세에 교훈을 삼고자 하는 것일세. 그러니 역사적인 사실 외에는 모두 빼도록 하게."

김부식은 책의 내용을 철저히 사실을 기준으로 해서 객관

적으로 쓰고자 했습니다. 이것이 『삼국사기』가 정치 중심의 조금은 딱딱한 책이 된 이유입니다. 이와 비교되는 책으로는 일연이 쓴 『삼국유사』가 있습니다. 『삼국유사』는 '유사'라는 말 그대로 『삼국사기』에서 빠졌거나 자세히 설명하지 못한 부분을 보완해서 만든 책입니다.

> **지식 더하기**
>
> 옛날에는 책의 분량을 말할 때 '권'이나 '책'이라고 했습니다. 여기서 '권'이란 요즘처럼 책 한 권을 말하는 것이 아니라 하나의 주제로 모아진 묶음을 말한답니다. 권이 여러 개 묶어져 비로소 '책'이 되는 거지요. 따라서 『삼국사기』가 총 50권으로 이루어졌다는 이야기는 50개의 주제를 다루었다는 뜻이랍니다.

이렇듯 작업을 계속한 지 몇 년이 지난 1145년 겨울, 마침내 삼국의 역사를 정리한 책이 완성되었습니다. 신라와 통일 신라가 12권, 고구려가 10권, 백제 6권으로 구성된 「본기」가 28권이었으며, 이외에도 「지」, 「연표」, 「열전」을 합하여 총 50권으로 이루어졌습니다.

한편, 궁에서 인종이 알 수 없는 병에 걸려 자리에 누워 있다는 소식이 들려왔습니다. 서둘러 입궁한 김부식은 인종에게 『삼국사기』가 완성되었음을 알렸습니다.

"전하, 신이 드디어 전하의 명을 완수했나이다."

그러자 인종은 희미하게 미소를 지으며 말했습니다.

"고…… 맙소. 경이 내 뜻을 이루어 주었구려. 경의 노고에 힘입어 고려는 다시 한 번 새롭게 번창할 것이오. 쿨럭, 쿨럭."

인종은 손을 내밀어 서책 작업으로 잔뜩 상해 버린 김부식의 손을 잡아 주었습니다.

"고생이 많았소이다. 부디 왕세자와 함께 고려를 빛내 주시오."

"성은이 망극하옵니다. 전하."

인종의 위로와 칭찬을 받은 김부식은 그동안의 고단함이 눈 녹듯이 사라지는 것 같았습니다.

궁궐을 나오자, 밖에는 어느새 하얀 눈이 내리고 있었습니다. 하얗게 센 김부식의 머리 위로 하얀 눈이 조금씩 쌓여 갔습니다.

자세히 살펴보기

『삼국사기』에는 어떤 내용이 담겨 있을까요?

『삼국사기』는 우리나라에 남아 있는 역사책 중 가장 오래된 책으로 일연의 『삼국유사』와 함께 고대의 역사와 풍습을 연구하는 데 매우 귀중한 자료입니다.

「본기」 28권, 「지」 9권, 「연표」 3권, 「열전」 10권으로 모두 50권으로 구성되어 있는 『삼국사기』는 유교적인 입장을 강조하고 있습니다. 또한 신라를 중심으로 서술하고 있으며, 중국의 사료가 많이 담겨 있습니다.

「본기」에는 나라별로 왕이 얼마나 나라를 잘 다스렸는지에 대한 내용이 담겨 있습니다. 통일 신라 7권을 포함한 신라가 12권, 고구려가 10권, 그리고 백제가 6권입니다. 당시의 정치나 천재지변, 전쟁, 외교 등에 대해서도 실려 있습니다.

「지」에는 제사와 음악, 지리와 법규 등에 관한 내용이 담겨 있으며, 「연표」는 삼국의 왕들이 집권했던 시기를 서로 비교해 기록했습니다.

또한 「열전」에는 69명의 인물을 다루고 있는데, 10권 중 통일 신라를 세우는 데 큰 공을 세운 김유신 열전이 3권이나 됩니다. 나머지 68명은 7권에 나누어 실려 있습니다.

김부식은 어떤 사람일까요?

김부식(1075~1151)은 신라 왕실의 후손으로 학식을 자랑하는 집안에서 태어났습니다. 과거에 급제한 후 여러 관직을 거쳤는데, 마흔두 살에는 문한관(임금을 대신해 명령문, 외교 문서, 기원문 등을 작성하는 일을 하는 관직)으로 송나라에 다녀오기도 했습니다.

중서시랑평장사(고려 시대 직급으로, 중서문하성의 정이품직)의 자리에 오른 김부식은 묘청의 난까지 진압함으로써 그 공로를 인정받아 공신의 자리에 올랐습니다. 그러나 나이가 들면서 주변 사람들이 세상을 떠나고 조정에서 자신도 세력이 약화되어 가자,

스스로 관직에서 물러났습니다.

  그 후 김부식은 인종의 명으로 『삼국사기』 50권을 완성했고, 의종이 즉위하자 낙랑국개국후로 봉해졌으며, 『인종실록』의 편찬에도 참여했습니다.

『삼국사기』가 가지는 의미는 무엇일까요?

  『삼국사기』가 편찬된 때는 고려의 귀족 문화가 크게 번성했습니다. 한편으로는 왕권이 흔들리면서 관료들 사이에 고려의 나아갈 방향에 대한 갈등이 끊이지 않던 시기이기도 했습니다. 이런 와중에 묘청의 난까지 발생하자 인종은 민심을 하나로 모으고 우리 역사에 대한 관심을 기울여야 한다는 뜻에서 김부식에게 우리 역사를 정리한 책을 만들 것을 명한 것입니다.

  『삼국사기』의 초판본은 임진왜란과 병자호란 때 불타 버려 전해지지 않습니다. 현재 전하는 가장 오래된 판본은 두 번째로 찍어낸 것으로 '성암본'이라 부르며 성암고서박물관과 일본의 궁내청에 소장되어 있습니다.

만약 우리에게 『삼국사기』가 없었다면 우리는 고대사에 대해 어림잡기도 힘들었을 것입니다. 고구려, 백제, 신라 그리고 통일 신라의 역사를 연구하는 데 가장 기본적인 자료인 『삼국사기』는 그 자체만으로도 큰 의미가 있는 책입니다. 또 고려 중기의 역사의식과 문화 수준을 가늠하는 데도 중요한 가치를 지니고 있습니다.

하지만 『삼국사기』에 대해 몇 가지 아쉬운 점도 있습니다. 지나치게 신라 중심으로 역사를 바라보았기 때문에 상대적으로 고구려나 백제의 역사가 적습니다. 또 발해의 역사도 빠져 있다는 것이 안타까운 점입니다.

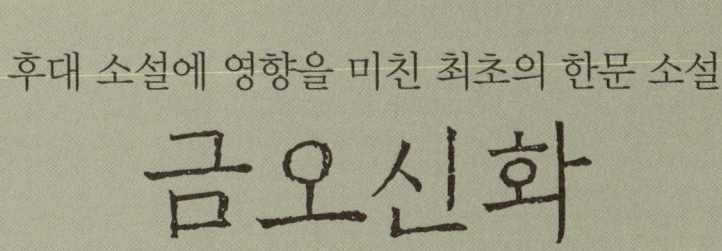

후대 소설에 영향을 미친 최초의 한문 소설

금오신화

떠돌이가 된 천재, 김시습

"주모, 여기 탁주 한 사발 주구려."

승복을 입은 스님이 주막을 들어서자마자 소리쳤습니다. 스님의 복장은 남루했습니다. 먼 길을 왔는지 승복에는 먼지가 가득했고, 짚신도 매우 낡아 있었습니다.

"아니, 무슨 스님이 대낮부터 술을 찾소? 부처님께 벼락 맞을까 무섭소."

손님을 맞으러 나오던 주모가 스님을 보더니 고개를 절레절레 흔들며 말했습니다.

"걱정 마시오. 내 이 주막에는 절대로 벼락 내리지 말라고 불공드릴 터이니. 아, 어서 가져오기나 하시오!"

웃으면서 대답하는 스님에게서 왠지 모를 위엄이 느껴졌습니다. 그 때문인지, 주모는 어쩌지 못하고 술상을 차려 왔습니다.

그때 한 무리의 선비들이 주막으로 들어와 국밥을 시켰습니다. 그중 어떤 선비가 스님을 자꾸 힐끗힐끗 쳐다보더니 반색을 하며 툇마루를 건너왔습니다.

"아니, 이게 누구시오. 매월당 김시습 선생 아니시오? 도대체 이게 무슨 모습이랍니까. 그동안 어찌 지내신 게요?"

"흠흠."

김시습이라 불린 스님은 마땅찮은 얼굴로 대답 없이 술잔만 연거푸 기울였습니다. 그러다가 선비가 계속 자리를 떠나지 않자 고개를 들고 말했습니다.

"아직도 나를 알아보는 이가 있다니 놀랍구려. 서책을 구하기 위해 한양에 잠시 들른 것뿐이오."

"하늘이 내린 천재 김시습을 어찌 몰라보겠소. 당신이 세 살 때 시를 지었다는 소문은 한양에 파다하다오. 나 또한 그대의 시에 푹 빠져 있었지. 그런데 어째서 이리 방랑을 하는 게요? 정말 벼슬에는 뜻이 없는 것이오? 듣자 하니 효령대군이 그대를 찾는다고 하던데……. 이제 그만 떠돌이 생활은 관두고 나라를 위해서 일해 보는 게 어떻소?"

말 많은 선비는 김시습을 앞에 두고 이런저런 이야기를 쏟아 냈습니다.

효령대군은 태종의 둘째 아들이었습니다. 그는 어렸을 때부터 뛰어난 총명함으로 주변의 관심과 기대를 받았던 김시습이 앞으로 조선의 큰 동량이 될 것이라 믿고 그를 많이 아껴 주었습니다. 김시습도 그런 효령대군의 뜻과 주변의 기대에 부응하여 자신이 꿈꾸던 왕도 정치를 이루기 위해 열심

> **지식 더하기**
>
> 김시습은 세 살에 글을 지을 정도로 천재적인 재질을 타고났다고 합니다. 집현전 학사 최치운이 그의 재주를 보고 경탄하여 이름을 '한 번 배우면 곧 익힌다.'는 뜻으로 '시습(時習)'이라 지어 주었습니다.

히 공부하고 또 공부했습니다. 왕도 정치는 인과 덕을 근본으로 세상을 다스리는 것으로, 유학에서 최고로 여기는 정치사상입니다.

김시습은 자신이 공부한 유학으로 조선이 진정 바른 나라가 되도록 힘쓸 생각이었습니다. 그런데 난데없이 수양대군이 어린 조카 단종을 위협해 왕의 자리를 빼앗는 말도 안 되는 일이 일어났다는 소식이 들려왔습니다. 김시습은 과거 공부를 그만두고 방랑의 길을 떠났습니다. 그는 도의가 땅에 떨어진 세상에서 벼슬을 하면 무얼 하나 싶었습니다. 과거에 급제해 관직을 가진들 썩어 버린 조정에서 무얼 할 수 있을까 하는 생각도 들었습니다.

과거를 포기한 그는 세상 방방곡곡을 떠돌면서 시를 짓고 백성들의 삶을 돌아보면서 자연을 벗 삼아 자유롭게 살았습니다. 그런 세월이 어느덧 10년이나 흘렀습니다.

하지만 자신을 아껴 주었던 효령대군의 이야기를 듣자, 김시습은 문득 그가 보고 싶었습니다. 그래서 효령대군의 집을 찾아갔습니다.

"대체 이게 무슨 꼴이오. 내 자네에게 기대가 많았건만 이런 모습으로 나타나다니……. 쯧쯧."

효령대군은 말을 마치지 못하고 혀를 찼습니다.

"송구합니다."

 김시습의 재능을 아깝게 여긴 효령대군은 조카인 세조에게 그를 적극 추천해 불교 경전의 번역 작업에 참여하도록 하였습니다. 그러나 조정은 역시 그의 생각대로였습니다. 계유정난 때의 공신들이 거들먹거리는 모습을 보고 있자니 너무도 역겨웠습니다. 계유정난은 1453년, 수양대군이 조카인 단종에게서 왕위를 빼앗기 위해 일으킨 난이었습니다.

김시습이 바라는 왕도 정치

결국 마음을 잡지 못하고 방황하던 김시습은 불교 경전의 번역 작업을 마치자마자 또다시 한양을 떠나 경주에 있는 금오산으로 들어가 버렸습니다.

'벼슬이란 참으로 덧없는 것이다. 도의가 사라진 세상에 벼슬 따위로 무엇을 할 수 있겠는가.'

그는 금오산에 머물면서 세상과는 담을 쌓은 채 지냈습니다. 매일 아침 깨끗한 물을 떠서 예불을 하고, 예불이 끝나면 곡을 했으며, 곡이 끝나면 시를 짓고, 시를 짓고 나면 다시 곡을 한 후, 그 시를 태워 버렸습니다.

그러던 어느 날이었습니다.

『역경』을 읽다가 새벽녘에 잠이 든 김시습은 바닷속 섬으로 들어가는 꿈을 꾸었습니다. 그런데 그곳은 사람들이 죽은 후에 갈 수 있는 섬이었습니다.

'아니, 그럼 내가 벌써 저승길에 올랐단 말인가? 그렇다면 저 사람은 염라대왕?'

김시습은 소스라치게 놀라 꿈에서 깨어났습니다. 정신을 차린 그는 이렇게 중얼거렸습니다.

"하루라도 빨리 세상을 떠나고 싶던 나였는데, 그래도 막상 저승길에 접어드니 겁이 났나 보군."

마음이 답답해진 김시습은 바람을 쐬기 위해 밖으로 나갔습니다. 이른 새벽, 하늘에는 별들이 초롱초롱 빛났습니다. 문득 꿈속 염라대왕의 모습이 떠올랐습니다.

"차라리 염라대왕에게 내가 꿈꾸는 왕도 정치에 대해 속 시원히 이야기나 해 볼걸. 허허."

헛웃음이 나왔습니다. 얼마나 답답하면 이런 생각까지 하게 된 것인지 김시습은 새삼 서글퍼졌습니다. 그런데 문득 이런 자신의 생각을 소설로 써 보면 어떨까 싶은 생각이 들었습니다. 그는 그 길로 방으로 들어가 글을 쓰기 시작했습니다.

경주 사는 선비 박생은 유학을 오랫동안 공부했지만 한 번도 과거에 합격하지 못했습니다. 그러나 마음에 간직한 뜻과 기상만은 매우 높았습니다. 그는 세상의 이치란 하나뿐이라고 생각했습니다.

그러던 박생은 어느 날 『역경』을 읽다가 잠이 들었는데 저승사자에게 인도되어 바닷속 어느 섬에 도착합니다. 이곳이 바로 사람들이 죽은 후 가는 곳인 '염부주'였습니다. 그곳에서 박생은 염라대왕과 토론을 벌입니다.

유교와 불교, 미신 그리고 우주와 정치 등 다방면에 걸친 질문과 답변을 나눈 끝에 박생은 염라대왕과 의견 일치를

이루고, 자신이 그동안 생각해 왔던 것이 옳았다는 것을 확인하게 됩니다. 염라대왕은 박생의 지식을 칭찬하고 그 능력을 인정합니다. 그리고 그에게 왕위를 물려주겠다며 세상에 잠시 다녀오라고 합니다.

 꿈에서 깬 박생은 집 안을 정리하고 지내다가 얼마 뒤 병이 들어 세상을 떠납니다.

이것이 바로 『금오신화』에 실려 있는 「남염부주지」라는 단편 소설입니다.

김시습은 자신의 생각을 이렇게 소설을 통해 드러냈습니다. 소설이라도 쓰지 않으면 미칠 것 같은 마음 때문이었습니다. 자신의 뜻과 다른 세상을 소설 속에서라도 한바탕 비판하고 나니 속이 후련해지는 것 같았습니다.

어느덧 세월이 흘러 세조가 세상을 떠나고 예종마저 죽자 성종이 왕위에 올랐습니다. 김시습은 세상이 바뀔 것이라 기대하고 한양으로 돌아왔습니다. 하지만 마음속에 여전히 세상에 대한 분노로 가득 차 있었던 그는 높은 자리의 대신들을 대놓고 비웃거나 하루 종일 지은 시를 불태우는 등 기이한 행동을 일삼곤 했습니다. 고관대작들은 그의 이런 행동을 전혀 이해하지 못하고 행여 자신들에게 불똥이 튈까 그와 거리를 두었습니다.

외로움 속에 하루하루를 보내던 김시습은 다시 방랑길에 올랐고 10여 년을 떠돌다가 충청도 부여 무량사에서 쉰아홉 살의 나이로 일생을 마쳤습니다. 그는 세상을 떠나기 전 자신의 비문에 '꿈꾸다 죽은 늙은이'라고 적어 달라고 부탁했다고 합니다.

자세히 살펴보기

『금오신화』가 가지는 의미는 무엇일까요?

　김시습이 『금오신화』를 썼을 즈음, 조선에는 지식인들을 중심으로 새 왕조를 비판하는 세력들이 생겨나기 시작했습니다. 유학을 바탕으로 나라를 잘 다스리겠다고 뜻을 밝혔던 처음과는 달리, 시간이 지나면서 사회 곳곳에서 여러 문제점이 나타났기 때문입니다. 이러한 조선 왕조를 비판하는 세력 가운데 대표적인 사람이 바로 김시습이었습니다. 김시습은 자신의 생각을 『금오신화』라는 단편 소설집에 담았는데, 지금까지 전해 내려오는 것은 「남염부주지」 외에 4편뿐입니다.

　『금오신화』가 오늘날 중요한 의미를 가지는 것은 우리나라를 배경으로 우리나라 사람을 등장인물로 쓴 최초의 소설이기 때문입니다. 뚜렷한 주제를 가졌고 문학적으로도 뛰어나 후대 소설에 큰 영향을 미친 『금오신화』는 현재 국립중앙도서관에 보관 중입니다.

『금오신화』에는 어떤 내용이 담겨 있을까요?

『금오신화』는 「남염부주지」, 「만복사저포기」, 「이생규장전」, 「취유부벽정기」, 「용궁부연록」의 5편의 단편 소설로 구성되어 있습니다.

「남염부주지」는 '남쪽에 있는 염부주 이야기'라는 뜻입니다. 유학을 공부해 온 박생이라는 선비가 꿈에서 염부주에 가서 염라대왕과 만나 토론한 이야기입니다. 여기에서 김시습은 박생의 입을 빌려 진정한 왕도 정치란 무엇인지 말하고 있습니다.

「만복사저포기」는 남원에 살던 양생이라는 사내와 죽은 여인의 사랑 이야기를 그린 소설입니다. 양생은 만복사의 부처와 저포(주사위 같은 것을 던져 승부를 겨루는 놀이) 내기를 해서 이겨 원하던 배필을 맞이합니다. 그렇지만 알고 보니 양생이 만난 것은 3년 전 죽은 여인의 넋이었습니다. 저승의 뜻에 따라 여인은 끝내 다른 나라에서 환생하고, 남은 양생은 여인을 그리워하며 지리산에 들어가 약초를 캐며 혼자 살아갑니다.

「이생규장전」은 송도에 살던 선비 이생과 최 씨 처녀의 사랑 이야기입니다. 이생과 최 처녀는 부모님의 반대를 극복하고 행복하게 살다가 홍건적의 난으로 이생만 살아남게 됩니다. 슬퍼하는 이생 앞에 최 처녀의 넋이 나타나자, 이생은 그녀와 행복하게 살아갑니다. 그러다 최 처녀는 저승으로 떠나고 이생 또한 병들어 세상을 떠납니다.

「취유부벽정기」는 평양의 부벽루에서 홍생이라는 사내가 선녀를 만난 이야기입니다. 홍생과 선녀는 시를 주고받으며 밤새도록 놀다가 날이 새자 선녀는 하늘로 돌아갑니다. 홍생은 선녀를 잊지 못해 병이 걸렸는데, 선녀의 시녀가 나타나 홍생에게 하늘로 올라오라고 일러 주는 꿈을 꾼 뒤 세상을 떠납니다.

「용궁부연록」은 글을 잘 짓기로 소문이 난 한생이 꿈속에서 용궁에 초대받은 이야기입니다. 한생은 용왕에게 그의 딸을 위한 글을 지어 주고, 용왕은 답례로 성대한 연회를 베풀어 줍니다. 한생은 용궁을 구경하고 용왕의 선물까지 받아 꿈에서 깹니다. 이후 한생은 부귀영화를 찾는 대신 깊은 산속에 들어가 자취를 감추고 맙니다.

김시습은 어떤 사람일까요?

김시습(1435~1493)은 태어난 지 8개월 만에 혼자 글을 깨치고 세 살 때 시 짓는 법을 배웠다고 전해질 만큼 뛰어난 인물이었습니다. 하지만 왕도 정치의 꿈을 가지고 열심히 과거를 준비하던 중에 수양대군이 단종을 몰아내고 왕위에 올랐다는 소식을 듣자, 그는 자신이 공부하던 책을 모두 불사르고 머리를 깎은 채 스님이 되어 방랑의 길을 떠났습니다. 이때 현실을 제대로 바라보는 눈을 갖게 된 김시습은 이를 바탕으로 시를 짓고 글을 썼습니다. 『금오신화』도 그가 방랑 생활을 하던 중 경주의 금오산에서 성리학과 불교에 대해 연구하면서 쓴 글입니다.

세월이 흘러 성종이 즉위하면서 조정에서 성리학적인 왕도 정치를 추구하자 그는 서울로 돌아와 벼슬길에 나갈 준비를 했지만, 자신의 뜻을 펼칠 만한 세상이 아님을 깨닫고 다시 방랑길에 올랐습니다. 이렇듯 현실과 이상 사이의 갈등 속에서 불행한 일생을 보냈던 그의 고뇌는 그의 문학 작품 속에 고스란히 담겨 있습니다.

조선 왕조 통치의 기틀이 된 성문법
경국대전

왕권 강화를 위한 방법

세조 원년(1455) 7월.

집현전 직제학이던 양성지가 상소를 올렸습니다.

"전하, 기존의 법들이 일정한 법제를 가지지 못해 혼란이 많사오니 이제 조선 만대의 통일된 법전을 만들 때이옵니다."

상소를 받아든 세조는 깊은 생각에 잠겼습니다. 그렇지 않아도 상소의 내용처럼 법전이 만들어진 시기에 따라 내용이 조금씩 달라서 세조도 고민 중이었기 때문입니다.

조선의 법은 태조 때 정도전이 『조선경국전』을 지으면서 처음 만들어졌습니다. 『조선경국전』은 고려 시대부터 전해 온 관습법에 당시 법률적 효력을 가졌던 왕명을 합해 정리한 것이었습니다. 그 후 3년이 지나 『조선경국전』의 내용을 보완한 『경제육전』이 만들어졌습니다. 태종 때에는 『원육전』 세 권과 『속육전』 세 권이 만들어졌으며, 세종 때에는 황희 등이 『신찬경제육전』을 편찬했습니다.

그런데 이렇게 왕이 바뀔 때마다 법전이 새로 편찬되다 보니 문제가 생겼습니다. 법전의 통일성이 없었던 것입니다. 태조 때의 법과 세종 때의 법이 다르니 법을 적용하는 데 문제가 있었습니다. 그때마다 관리들은 어떤 법을 적용해야 할지 갈피를 잡지 못하고 우왕좌왕했습니다. 또 매번 새롭게 법전을 편찬하다 보니 시간도 오래 걸리고 비용도 많이 들었습니다. 그래서 세조는 중국의 법과는 다른, 우리나라 실정에 맞는 통일된 법전이 필요하다고 생각하던 참이었습니다.

"경들은 어찌 생각하오? 지금이 새로운 법전을 만들어야 할 때인 것 같소?"

"전하, 아직은 때가 아니라 생각되옵니다. 왕위에 오르신 지 불과 몇 개월밖에 지나지 않았으니, 지금은 주변을 정비하시는 데 전념하시는 것이 나을 것 같사옵니다."

"그렇지 않사옵니다. 전하, 법은 나라를 이끄는 기본이옵니다. 언제까지 두고 볼 수는 없는 것이니 지금이라도 속히 서두르셔야 하옵니다. 통촉하시옵소서."

"법전을 만들 시간은 앞으로도 충분할 것입니다. 지금은 민심에 신경 쓰셔야 할 때이옵니다. 전하."

찬성하는 대신들도 있었지만 대부분이 반대하는 의견이었습니다. 그도 그럴 것이 당시는 세조가 조카인 단종에게 왕위를 빼앗다시피 하여 왕위에 오른 지 얼마 되지 않았기 때문에 나라의 기강을 잡는 일이 시급했습니다. 대신들은 새로운 왕의 눈치를 보느라 우왕좌왕했고, 물러난 임금인 단종을 따르는 이들이 여전히 많아 궐 안은 어수선하기만 했습니다.

한참 동안 생각에 잠겼던 세조가 마침내 입을 열었습니다.

"알겠소이다. 좀 더 생각해 보겠소."

그렇게 하여 법전을 만드는 일은 궐 안에서 더 이상 언급되지 않았습니다. 하지만 세조는 하루라도 빨리 법전을 만들고 싶었습니다. 왜냐하면 세종의 둘째 아들이었던 세조는 맏아들이 아니면서 왕위에 올랐고, 그것도 조카에게서 왕위를 강제로 빼앗다시피 했기 때문이었습니다. 그래서 정치적인 권력을 강화하기 위해 자신이 꼭 왕이 될 수밖에 없었던 이유를 백성들에게 알릴 필요가 있었습니다. 또한 중앙 정부에서 임명한 각 고을을 다스리는 관리들이 기준으로 삼을 법이 필요한데, 이런 역할을 해 줄 수 있는 것이 바로 법전이었습니다.

새로운 법전을 만들다

몇 년 후, 세조는 대신들을 불러 모았습니다.

"과인은 오래전부터 새 법전의 필요성을 절감하고 있었소. 이제 나라가 어느 정도 안정되었으니 그 일을 시작해도 되리라 보오. 육전상정소를 설치하고 새 법전을 만들 준비를 하시오."

"성은이 망극하옵니다. 전하."

> **지식 더하기**
>
> 양성지는 조선 전기의 성리학자입니다. 조선 왕조의 자주성을 강조했고, 여러 분야에 대한 폭넓은 관심을 가져 많은 책을 편찬했습니다. 그가 편찬한 책으로는 『팔도지리지』, 『여지승람』 등이 있습니다.

대신들이 머리를 조아렸습니다. 그중에서도 상소를 올렸던 양성지는 더욱 기뻤습니다.

법전을 만들기 위해 설치된 육전상정소는 서거정, 양성지, 최항, 김국광, 한계희, 노사신, 강희맹, 임원준, 홍응, 성임 등 당시 최고의 학자들로 구성되었습니다. 이들을 육전상정관이라고 불렀는데 그들은 지금까지의 법전들을 분석하고, 오랫동안 민간에서 지켜 오던 관습법이나 관례법을 정리했습니다. 그리고 중국 명나라의 형법인 『대명률』에서도 필요한 부분을 참고하면서 법전을 어떻게 만들 것인지 연구에 들어갔습니다.

법전 작업은 매우 더디게 진행되었습니다. 그도 그럴 것이 수많은 항목을 일일이 조사하고, 토론을 거쳐 좀 더 나은 것이 어떤 것인지를 결정해야 했기 때문입니다. 세조는 종종 육전상정소에 들러 법전 작업이 얼마나 진행되었는지 확인하고는 했습니다.

"경들이 고생이 많소. 법전 편찬 작업은 어찌 되어 가고 있소?"

"전하, 이제 머지않아 육전 중에서 「호전」이 먼저 완성될 것이옵니다. 조금만 더 기다리시면 반드시 훌륭한 법전을 완성해 바치도록 하겠습니다."

김국광이 머리를 조아리며 이렇게 말했습니다.

"아니오. 서두를 필요 없소. 시간이 걸리더라도 모든 사람이 인정할 수 있고, 조선 대대로 지킬 만한 완전한 법전을 만들어 주시오. 과인이 독촉하지 않겠소."

세조는 손을 내저으며 이렇게 말했습니다.

"성은이 망극하옵니다, 전하."

"그리고 과인 또한 법전에 들어갈 항목을 정할 때 힘을 보태고 싶소. 그러니 회의가 있으면 지나치게 염려하지 말고 과인을 불러 주시오."

"분부에 따르겠사옵니다."

세조는 이처럼 법전을 만드는 데 관심을 기울였습니다. 때로는 법전 항목 하나하나를 가지고 학자들과 토론하기도 했습니다.

"사형수의 경우 여러 번 죄목을 확인한 후 벌을 주는 것이 필요하다고 봅니다. 그런 의미에서 이것을 법률로 만들 필요가 있다고 보는데 어떻습니까?"

「형전」을 만들 때 한 육전상정관이 이렇게 묻자 세조는 고개를 끄덕였습니다.

"옳은 말이오. 아무리 살펴도 부족하지 않은 것이 사형에 관한 법률이오. 적어도 세 번은 확인해야 할 것으로 보오. 일차로 관청에서 판결한 것을 형조에서 재심하고 마지막으로 의정부의 판결을 거쳐 과인에게 보고하는 삼복제가 좋겠소."

"그렇습니다. 또 이 제도는 양반뿐 아니라 백정이나 노비와 같은 신분이라도 귀천 없이 적용해야 합니다."

"좋은 생각이오. 신분이 어떻든 간에 생명은 소중히 다뤄져야 하오."

세조의 이러한 적극적인 태도는 학자들에게 더욱 좋은 법전을 만드는 데 힘을 쏟게 했습니다.

마침내 작업을 시작한 지 3년 만에 「호전」이 완성되었고, 그다음 해에는 「형전」이 완성되었으며, 1466년에 드디어 총 319개의 법조문이 실린 『경국대전』이 완성되었습니다.

"기쁘도다. 드디어 조선을 다스릴 법이 완성되었구나. 앞으로 두 해 동안 꼼꼼히 살핀 다음, 그 후부터 시행하도록 하라!"

모든 법은 완성된 후 바로 반포되는 것이 아니라 혹시라도 문제점이 없는지 살펴보는 시간이 필요했습니다. 그래서 세조는 2년의 기간을 정했습니다. 하지만 세조가 갑자기 세상을 떠나는 바람에 『경국대전』은 반포되지 못했다가, 뒤를 이은 예종 때 부족한 부분을 손질하고 성종 때 전체적인 수정 작업을 거쳐 1485년 1월에야 비로소 법률로 시행될 수 있었습니다. 그러니까 『경국대전』은 삼대에 걸쳐 약 28년 동안 만들어진 법전이랍니다.

'나라를 다스리는 책'이라는 의미의 『경국대전』은 세조의 바람대로 이후 조선을 다스리는 기본 법전으로 쓰였습니다. 『경국대전』을 보완한 『속대전』, 『대전통편』 등이 영조와 정조 시대에 편찬되었지만 『경국대전』의 원문은 그대로 보존하고 수정·보완한 법조문을 덧붙이는 정도였답니다.

자세히 살펴보기

『경국대전』이 가지는 의미는 무엇일까요?

『경국대전』의 완성은 조선이 법으로 나라를 다스리는 '법치주의' 국가가 되었음을 나타냅니다. 법이 제대로 정비되지 않은 나라에서는 왕과 대신들이 각자의 생각과 가치관에 따라 나라를 다스리기 때문에 백성들의 삶은 존중받지 못합니다. 따라서 백성의 의무와 함께 권리가 밝혀진 법전이 생겼다는 것은 그만큼 나라를 다스리는 체계가 안정되었음을 말합니다.

물론 고려 시대에도 법은 있었으나 대부분이 죄인을 다스리는 내용이 중심이었고 제대로 정리된 법전이 아니었습니다. 그에 비하면 조선의 『경국대전』은 정치뿐만 아니라 경제와 문화에 이르기까지 여러 분야에서 필요로 하는 기본적인 규범을 담은 종합적인 성문법이라고 할 수 있습니다. '성문법'이란 글로 표현되고 일정한 형식과 절차를 거쳐서 공포된 법을 말합니다.

『경국대전』에는 어떤 내용이 담겨 있을까요?

『경국대전』은 당시의 정부 체제인 6조 체제를 따라 「이전」, 「호전」, 「예전」, 「병전」, 「형전」, 「공전」의 6전으로 구성되었습니다. 「이전」은 중앙과 지방 관제, 관직의 종류와 임명 등 국가 행정 조직, 「호전」은 세금, 녹봉, 노비 매매, 「예전」은 과거, 외교, 제례, 혼인, 「병전」은 국방과 군사, 「형전」은 형벌과 재판, 「공전」은 도로와 교통, 건축, 도량형에 관한 법입니다.

『경국대전』에는 지금 보아도 놀랄 만큼 훌륭한 법률이 많습니다. 노비가 출산할 때가 되면 30일간, 출산하고 나면 50일간 휴가를 주었고, 그 남편에게도 15일간 휴가를 주었습니다. 혼인 가능한 나이 또한 남자 15세, 여자 14세로 정했고, 사대부는 아내가 죽었더라도 3년이 지나야 다시 혼인할 수 있게 했습니다. 다만 마흔이 넘어 아들이 없는 경우는 예외라는 조항도 마련했습니다.

이처럼 『경국대전』은 신분이나 남녀, 직업에 따른 구별과 윤리 도덕을 강조한 것이 특징으로, 조선 시대 문물제도사 연구에 없어서는 안 될 귀중한 기본 자료입니다.

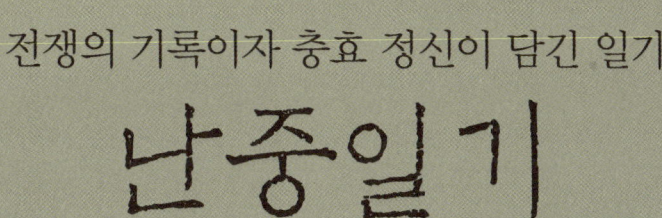

전쟁의 기록이자 충효 정신이 담긴 일기

난중일기

이순신의 충효 정신

전쟁이 시작된 지도 벌써 한 달 가까이 되었습니다. 쉽게 끝나지 않을 전쟁이라는 것은 알았지만 백성들이 겪는 고통을 보고 있자니 전라 좌수사 이순신의 마음은 타들어 가는 것 같았습니다.

왜군이 침입한 지 이틀 만에 부산 동래성이 함락되었고, 고니시가 이끄는 왜군들은 충주까지 거침없이 치달았습니다. 기대했던 신립 장군마저 충주에서 대패해 선조 임금이 피난길에 올랐다는 소식을 들을 것이 바로 얼마 전이었습니다. 왜군들이 조총이라는 신기한 무기를 가지고 있어서 도무지 당해낼 수가 없었던 까닭도 있었지만 조선이 그동안 아무런 전쟁 준비를 하고 있지 않았던 것이 더 큰 문제였습니다.

오후의 봄 햇볕이 따스한 훈련장 한쪽에서 전라 좌수사 이순신은 깊은 생각에 잠겨 있었습니다. 전쟁이 시작된 후 조금도 쉬지 못한 탓인지 그의 얼굴에는 피곤함이 가득했습니다. 하지만 마음은 더 무거웠습니다. 얼마 전 옥포에서 있었던 싸움이 떠올랐습

> **지식 더하기**
> 조총은 일본군이 임진왜란 당시 사용한 총을 말합니다. 당시 조선에는 조총에 비교되는 개인 화기로 승자총통이 있었습니다. 하지만 조총은 승자총통의 열 배 화력을 지니고 있었습니다.

니다. 경상 우수사인 원균과 연합한 이순신의 수군은 적선 26척을 격파하면서 왜란이 일어난 후 처음으로 승전고를 울렸습니다. 게다가 조선의 배는 단 한 척도, 조선 수군은 단 한 명도 피해가 없었던 완전한 승리였습니다. 하지만 이순신은 마냥 기뻐할 수가 없었습니다. 앞으로 해결해야 할 일이 너무나 많았기 때문입니다.

'큰일이구나. 이제 막 거북선이 완성되었고 병사들은 아직 훈련이 더 필요한데 이 일을 어찌할 것인가.'

훈련장에서는 수군들의 훈련 소리가 요란했습니다. 병사들은 옥포에서의 승리로 사기가 하늘을 찔렀습니다. 저 멀리 바다 위로 거북선의 모습이 보였습니다. 거북선은 조선의 배인 판옥선의 갑판에 덮개를 씌우고 쇠못을 심어서 갑판 위에 있는 병사들을 보호하고 적들이 배 위로 오르는 것을 막을 수 있도록 고안한 배였습니다. 또 뱃머리에는 포를 설치해 배 앞부분에서도 안전하게 공격할 수 있었습니다.

이순신은 이 거북선을 돌격 전투함으로 사용할 생각이었습니다. 거북선이 먼저 진격해 적의 배에 충돌한 뒤 포들로 먼저 공격한 다음, 적들이 혼란에 빠진 사이에 다른 배들로 적을 에워싸 함포로 사격하거나 활로 공격하는 것이었습니다.

듬직하게 떠 있는 거북선을 보고 있자니 어느새 이순신의 마음에 용기가 솟아올랐습니다.

'그래. 나에게는 충성스러운 병사들과 거북선이 있다. 조선 수군이 이겨 내지 못할 것이 무엇이겠는가!'

이순신은 이렇게 생각하며 해 지는 훈련장을 내려다보았습

니다.

그때 병사 하나가 급히 달려왔습니다.

"장군님, 경상 우수사가 보낸 급보이옵니다!"

서신을 받아 서둘러 펼쳐 보자 거기엔 이렇게 쓰여 있었습니다.

적선 10여 척이 사천과 곤양까지 침범하여 부득이 노량으로 진영을 옮겼으니 급히 와서 도와주시오.

이순신은 마음이 급해졌습니다. 사천과 곤양은 자신이 맡고 있는 전라 좌수군의 관할 구역에서 불과 20여 킬로미터 정도 떨어진 곳으로 네 시간이면 닿을 수 있는 거리였습니다.
"전군에게 내일 새벽 출정을 명하노라!"
늦은 밤, 숙소로 돌아온 이순신은 피곤으로 쓰러질 듯했지만 쉽게 잠이 오지 않았습니다. 이리저리 뒤척이던 그는 자리에서 일어나 머리맡에 놓아둔 일기책을 꺼냈습니다.

송한련이 남해서 돌아와서 하는 말이, "남해 현령(기효근), 미조항 첨사(김승룡), 상주포·곡포·평산포 만호(김축) 등은 왜적의 소식을 듣고는 하나같이 달아나 버렸고, 군기물 등도 흩어 없어져 남은 것이 거의 없다."고 했다. 놀랍고도 놀랄 일이다. 정오에 배를 타고 바다로 나가 진을 치고 여러 장수와 약속을 하니 모두 기꺼이 나가 싸울 뜻을 가졌으나 낙안 군수(신호)만은 피하려는 뜻을 가진 것 같다. 탄식이 절로 난다……

-1592년 5월 2일

얼마 전에 쓴 일기를 뒤적여 보던 이순신의 입에서는 자신도 모르게 한숨이 흘러나왔습니다. 처음에는 자신의 일상을 기록하려고 시작한 일기 쓰기였는데 적다 보니 이런저런 전쟁의 상황을 기록하게 되었습니다. 하지만 시간이 별로 없어서 대부분 짧은 문장으로 자신의 마음을 드러내곤 했습니다.

> 이영남과 이여념이 왔다. 그들에게 원균의 옳지 못한 행동에 대해 들으니 절로 탄식이 나올 정도다.
> —1593년 3월 2일

> **지식 더하기**
>
> 특정 지방에서 출전한 부대와 본영과의 연락을 위해서 왕래하는 배를 탐후선(探候船)이라고 합니다. 임진왜란 때 적진을 살피는 탐후선을 통구미라고도 불렀습니다.

아침에 탐후선이 들어왔는데 아내의 병이 중하다고 한다. 그러나 나랏일이 이러하니 다른 일은 생각할 수 없다.

-1594년 8월 30일

이순신은 어머니에 대한 정성이 아주 지극했습니다. 전라좌수사로 부임하면서 어머니를 고향인 아산에서 여수로 모셔 와 가끔씩 찾아뵈었을 정도였습니다. 오랫동안 뵙지 못했을 때는 저녁 내내 노를 저어 한밤중에라도 찾아뵙기도 했습니다. 그런 날이면 이순신은 일기책에 이렇게 적었습니다.

아침에 흰 머리카락을 10여 개 뽑았다. 흰머리가 싫어서가 아니라 늙으신 어머니께서 보시면 걱정하실까 염려되기 때문이다. 노를 저어 한밤중에 어머니를 찾아가 뵈었다. 흰머리가 전보다 더 많아지신 듯하다. 나를 보고 놀라 일어나시다 다시 주저앉는 것을 보니 오래 사시기가 어렵겠다. 눈물을 머금고 서로 붙들고 앉아 밤새도록 위로하여 마음을 풀어 드렸다.

-1596년 8월 12일

이렇게 써내려 간 일기는 이순신이 노량 해전에서 총탄에 맞아 숨을 거두기 한 달 전까지 계속되었습니다. 이순신이 매일매일 꼼꼼하게 글로 남긴 일기 덕분에 우리는 임진왜란 당시의 역사적 사실에 대해 자세히 파악할 수 있을 뿐만 아니라 이순신의 충효 정신과 백성을 사랑하는 마음까지 살필 수 있게 된 거랍니다.

자세히 살펴보기

『난중일기』의 가치는 무엇일까요?

　『난중일기』가 이렇게 널리 읽히며 역사적으로 중요하게 평가되는 이유는 무엇일까요?

　『난중일기』가 가진 가치 중 첫 번째는 기록적인 가치입니다. 임진왜란이 일어난 다음 달인 1592년 5월부터 이순신 장군이 전사하기 한 달 전인 1598년 10월 초까지 7년간의 전쟁 상황이 아주 꼼꼼히 적혀 있기 때문입니다. 어떤 역사책에서도 볼 수 없는 물자 보급 상황이나 백성들의 생활고, 당시의 무기, 병사들의 모습, 조선 수군의 전략과 전술이 담겨 있습니다.

　두 번째는 문학적인 가치입니다. 혼란스러운 전쟁 중임에도 이순신은 서정성 가득한 문학적인 표현을 곳곳에 사용하여 기록으로서뿐 아니라 문학적으로도 매우 뛰어난 일기로 승화시켰습니다. 또 원균에 대한 원망, 조정에 대한 안타까움, 가족에 대한 그리움 등의 감정이 솔직하게 담겨 있어 일기를 어떻게 써야 하는지에 대한 가르침도 주고 있습니다.

『난중일기』는 이순신이 직접 쓴 제목일까요?

『난중일기』라는 제목은 이순신이 붙인 것은 아닙니다. 이순신이 전사한 지 198년이 지난 1795년에 이순신의 전집인 『이충무공전서』를 편찬하면서 붙여졌습니다.

현재 전해 오는 『난중일기』는 두 가지가 있습니다. 하나는 이순신이 임진왜란 중에 직접 기록한 것으로 국보 제76호로 지정되어 아산 현충사에 보관되어 있고, 다른 하나는 『이충무공전서』에 실려 있는 것으로 모두 4권(권5~권7)으로 이루어져 있습니다. 이 중 『이충무공전서』는 정조의 명에 따라 윤행임과 유득공이 1793년부터 3년간 이순신의 행적을 모으고 기록해 책으로 펴낸 것입니다. 이때 전서본의 편찬자들이 이순신의 친필 초고를 옮겨 쓰며 일부 빠뜨린 내용이 있어서 『난중일기』의 초고본과 전서본에 실린 내용이 약간 다르답니다.

최초의 한글 소설이자 한국의 대표적인 고전 소설
홍길동전

관직에서 쫓겨난 허균

"마하반야바라밀다……."

불상 앞에 꿇어 엎드린 허균은 입속으로 조용히 『반야심경』을 외웠습니다. 끓어오르는 마음속의 분노를 가라앉히기 위해서는 이 방법이 제일 좋았습니다.

둘째 형인 허봉이 세상을 떠났다는 소식을 들었을 때도, 누이 허난설헌이 불행한 결혼 생활 속에 세상을 떠났을 때도, 임진왜란이 터져 피난 도중 부인이 첫아들을 낳고 세상을 떠났을 때도 허균은 깊은 산 속 조그만 암자 법당에 들어가 불상 앞에 엎드리곤 했습니다. 인생이 너무나 허무하고 덧없다는 생각에 몸부림치다가도 이렇게 가만히 있다 보면 마음이 더할 나위 없이 고요해졌습니다.

오늘도 허균은 관직에서 쫓겨났습니다. 벌써 몇 번째인지 모릅니다. 학문의 깊이가 남다른 그는 벼슬자리에는 쉽게 올랐지만 몇 달을 넘기지 못하고 파직되곤 했습니다. 유교를 섬기고 불교를 배척하는 나라인 조선에서 허균은 염주를 목에 걸고 다니거나 관아의 별실에

법당을 꾸미기까지 했으니 지방의 유학자들은 펄펄 뛰며 그를 탄핵하는 상소를 올리는 게 당연했습니다.

하지만 임금인 선조는 그의 재주를 아까워했습니다.

"예로부터 글을 짓는 선비는 공부 삼아 불경을 읽기도 했다. 허균의 행동을 너무 험담치 말라."

하지만 사헌부에서는 뜻을 굽히지 않았습니다.

"전하, 그는 중의 옷을 입고 염주를 걸고 부처님의 제자라고 떠들고 다니면서도 아무런 부끄러움이 없으니 이는 일찍이 보지 못한 일이옵니다. 통촉하여 주시옵소서."

결국 허균은 두 달 만에 삼척 부사 자리에서 쫓겨나고 말았습니다. 하지만 그는 부끄러워하기는커녕 오히려 당당하게 행동했습니다. 그의 눈에는 권력을 가지려고 다른

사람을 모함하고 무리를 나누어 싸우는 조정이 더 썩어빠진 것으로 보였기 때문이었습니다.

그에게 벼슬자리를 권했던 맏형 허성은 그런 허균의 모습이 안타까웠습니다.

"또 파직되었다는 소식 들었다. 네 뜻을 모르는 것은 아니지만 세상일이란 것이 모두 뜻대로 되는 건 아니니, 부디 가문을 위해서라도 행동을 신중히 해라."

맏형이 나무랐습니다.

"제 성격이 워낙 꼿꼿해서 잘못된 것을 보면 참을 수가 없는 걸 어찌합니까? 선비랍시고 서툰 짓을 하는 걸 보면 비위가 다 뒤집히는 걸요."

"널 아끼는 전하를 생각해 보아라. 조정에 있는 이 형의 입장도 말이다. 세상이 마음에 안 든다고 아까운 너의 재주를 산속에서 썩힐 수는 없지 않느냐."

형의 말을 들은 허균은 미안한 마음에 괴로웠습니다. 언제나 자신을 도와주려고 하는 형을 번번이 실망시키거나 입장만 난처하게 만들었습니다.

"네, 형님. 앞으로는 형님의 뜻을 따르도록 하겠습니다."

이루지 못한 꿈을 소설로 쓰다

얼마 뒤 그는 공주 목사로 다시 부임하게 되었습니다. 그가 부임한다는 소식에 그의 친구들이 공주로 모여들었습니다. 그의 친구들은 대부분 승려나 무사, 서얼이었습니다. 이들은 신분 때문에 관직에 나가지 못했으나 사회를 바라보는 눈만은 날카롭고 학문도 뛰어났습니다. 허균은 이런 친구들과 어울려 술을 마시거나 사회의 문제점에 관해 토론하기를 즐겼습니다.

양반들은 허균이 이들과 사귀는 것을 손가락질했지만 허균은 이렇게 모여 이야기를 나누는 것이 편하고 즐거웠습니다. 하지만 벼슬을 할 수 없는 이들은 세상에 대한 원망이 컸습니다.

"이렇게 청춘을 보내야 한다니 원통하구나! 능력이 있으면 무얼 할 것이며, 재산이 있으면 무얼 할 것인가."

"아, 국법이 그러한 걸 어쩌겠는가. 우리 힘으로 할 수 있는 것은 아무것도 없네. 그저 이럭저럭 한세상 보내는 수밖에는……"

술자리가 벌어지면 그들은 서얼을 차별하는 세상을 한탄하곤 했습니다. 그러던 어느 날, 허균과 그 친구들은 한곳에 모여 서자에게도 벼슬길에 오를 수 있는 기회를 달라는 상소

를 올리자고 뜻을 모았습니다.

"우리가 무슨 죄라도 지었나? 적서 차별은 사리에도 맞지 않는 일일세."

"맞는 말일세. 이렇게 하늘만 쳐다보고 있지 말고 우리도 상소를 올려 보세. 적서 차별이 없어질 때까지 백 번이고 천 번이고 해 보자고."

하지만 조정에서는 이를 허락하지 않았습니다. 게다가 이들을 선동한 허균 역시 곱게 보지 않았습니다. 벼슬아치들은 허균을 '막된 인간'이라 말하며 멀리했습니다. 허균은 다시 관직에서 파직되자 강원도 금강산으로 들어가 세상과 담을 쌓고 지냈습니다.

그러던 중 선조 임금이 세상을 떠나고 광해군이 왕위에 올랐습니다. 광해군은 명나라 사신들이 허균의 글을 좋아한다는 말을 듣고 그를 명나라에 천추사(조선 시대에 정기적으로 중국에 보내던 외교 사절)로 보내려고 했습니다. 하지만 허균은 이런저런 핑계를 대며 거절했고 이 때문에 의금부로 끌려가 고초를 겪기도 했습니다.

그러던 어느 여름날이었습니다.

"나리, 날도 따뜻한데 바닷가에 산책이라도 나가시지요."

마당을 쓸던 하인이 방 안에 있는 허균에게 말했습니다. 그 당시 허균은 과거 시험을 감독하는 시험관으로 관직에 나갔다가 조카를 봐주어 합격시켰다는 이유로 또 탄

69

핵을 받고 전라도에 귀양 와 있었습니다.

"돌쇠야. 넌 세상이 원망스럽지도 않느냐? 누구는 양반으로 태어나서 떵떵거리고 사는데 누구는 이 더운 날에 마당이나 쓸어야 한다니 말이다."

방문을 연 허균이 연신 흘러내리는 땀을 닦아 내는 하인을 보며 물었습니다.

"글쎄요. 양반이라고 다 떵떵거리고 사는 것도 아니고 의금부와 귀양을 밥 먹듯 오가는 나리를 뵐 때면 제 신세가 그리 원망스럽지도 않구먼요."

"허허. 이놈이!"

"그런데 요사이 늦은 밤까지 무얼 하시는 겁니까? 어제도 인시(오전 세 시에서 다섯 시까지의 시간)까지 방에 불이 밝혀져 있는 걸 보았습니다."

하인은 궁금하다는 듯 방 안을 힐끗거리며 물었습니다.

"기다려 봐라. 내가 이루지 못한 꿈을 글로나마 이루어보려고 하니……."

허균은 뒷말을 흐렸습니다. 자신이 젊었을 때부터 가슴속에 지녀 온 포부와 이상을 세상에 펴지 못하고 글로 적어야만 한다는 사실이 서글퍼졌기 때문입니다.

그날 밤에도 허균은 호롱불을 밝힌 채 글쓰기에 몰두했습니다.

"홍길동이야말로 내가 꿈꾸던 삶을 살아 줄 인물이야. 총명하고 도술을 부릴 줄 알고, 신분의 제약을 넘어 백성들을 한마음으로 모을 수 있는 주인공! 홍길동으로 하여금 백성들이 살기 좋은 새로운 나라를 만들도록 이야기를 펼쳐 나가야겠어. 훗날 누군가 내 글을 읽어 준다면 내가 꿈꾼 세상이 어떤 것인지 알아주겠지."

그래서 그는 자신의 이야기 속에서 홍길동이 되어 조선 팔도를 누비며 양반과 탐관오리들의 잘못을 밝혀내고 신분 제도와 사회의 부조리를 벌했습니다.

이렇게 완성된 허균의 『홍길동전』은 그가 1618년, 쉰 살의 나이로 역모 혐의를 받아 죽임을 당한 이후 지금까지도 많은 사람에게 널리 읽히는 고전이 되었답니다.

자세히 살펴보기

『홍길동전』은
어떤
내용일까요?

양반의 서자로 태어난 홍길동은 비범한 재능을 지녔지만 아버지를 아버지로 부르지 못하고 형을 형이라 부르지 못하며 서럽게 자라다가 아버지의 첩이 자신을 죽이려는 것을 알고 집을 나갑니다. 그리고 도적의 무리를 이끌고 '활빈당'이라 이름 짓고 전국 곳곳의 부패한 관리를 응징하며 가난한 사람을 돕습니다. 홍길동이 이렇게 관아의 재물까지 빼앗자, 임금은 홍길동을 잡으라는 명령을 내립니다. 그렇지만 그의 도술을 이겨낼 사람이 없어 그의 아버지와 형이 나서 그를 달래 그의 소원대로 병조 판서 자리를 내줍니다. 나중에는 홍길동이 무리를 이끌고 남해 율도국을 점령한 뒤 왕위에 올라 누구나 행복하게 사는 이상 국가를 세운다는 이야기입니다.

『홍길동전』이 의미 있는 이유는 무엇일까요?

『홍길동전』은 한글로 쓰인 최초의 소설이며, 고전 소설 가운데 지은이를 알 수 있는 몇 작품 가운데 하나입니다. 『홍길동전』은 사회 문제를 고발·개선하고, 이상향을 그리는 내용뿐 아니라 둔갑법과 축지법 같은 도교적인 내용까지 다루는 등 다양한 성격을 지녔다는 점에서 그전의 고전 소설과는 차이가 있습니다.

이 책이 쓰일 당시의 조선 사회는 밖으로는 임진왜란을 겪었고 안으로는 당쟁이 계속되어 백성들의 삶이 고단해져 있을 때였습니다. 허균은 신분이나 배경과 상관없이 유능한 인재를 선발해 위기를 극복해야 한다고 주장했습니다. 그리고 이런 생각을 백성들이 쉽게 접할 수 있는 소설에 담아 세상에 내놓음으로써 백성들에게 큰 호응을 받았고, 시대를 넘어 오늘날까지도 깊은 감동을 주고 있습니다. 그래서 『홍길동전』은 『심청전』, 『춘향전』과 더불어 우리나라의 대표 고전 소설로 꼽힙니다.

허균은 어떤 인물일까요?

　　허균(1569~1618)은 명문가 출신으로 뛰어난 문장가이자 부패한 정치와 잘못된 제도를 바꾸어 자신이 바라던 이상 사회를 이루고자 했던 개혁 사상가였습니다. 허균의 형제자매들은 모두 문학적인 재주가 대단했는데 허난설헌으로 알려진 누나인 초희도 시 짓는 실력이 뛰어났습니다.

　하지만 둘째 형이 유배 가서 죽고 누이도 불행한 결혼 생활 끝에 세상을 뜬 데다 부인마저 세상을 떠나자, 계속되는 슬픔 속에서 세상에 대한 원망을 가지게 되었습니다. 그래서 장원 급제를 하고 황해도 도사까지 되었지만 방탕한 생활로 탄핵을 받아 관직에서 쫓겨나고 말았습니다. 그 뒤 큰형의 권유로 다시 관직에 나갔지만 몇 번의 유배 생활과 계속되는 권력 다툼 속에서 불안한 삶을 살았습니다.

　허균은 당시 배척받던 불교를 받들고 기생들과 허물없이 지내며 서자들과 가깝게 지냈습니다. 성리학이 지배하는 사회에 "천하에 가장 두려운 것은 백성이다."라는 쓴소리로 왕의 잘못을 꾸

짖기도 했습니다. 그의 이런 행동들은 당시로써는 너무도 혁명적이었던지라 받아들여지지 않았고, 결국 반역자로 몰려 쉰 살의 나이에 비극적인 생애를 마쳐야만 했습니다.

허균은 『홍길동전』과 같은 소설뿐만 아니라 시에도 재능과 관심이 많았습니다. 그래서 그는 여러 편의 작품을 남겼습니다. 『성소부부고』, 『학산초담』 등의 문집 외에도 다양한 작품이 오늘날까지 전하고 있습니다. 또한 허균은 뛰어난 글솜씨를 가진 누이 초희의 작품을 모아 『난설헌집』을 중국에서 펴내는 데에도 힘썼습니다.

실학자가 쓴 조선 시대 백과사전
성호사설

세상 만물과 이치를 정리하다

"또 글을 읽고 있는 건가? 자네도 참 대단허이."

이익의 친구인 정상기가 방문에 쳐진 발을 걷으며 들어섰습니다. 그는 이익과 마찬가지로 청나라나 새로운 문물에 관심이 많았습니다.

"아, 어서 오게. 잠시 딴생각을 하느라……. 읽을 서책은 이리도 많은데 하루해가 짧으니 안타깝네그려."

이익은 이렇게 말하며 방 안 가득한 서책들을 둘러보았습니다. 이익의 집안은 당쟁으로 인해 큰 피해를 당해 몰락한 터였지만 한때 남인의 권력자였던 할아버지가 남겨 준 수천 권의 책이 있었습니다. 또 집안 대대로 내려오는 토지 덕분에 이익은 과거 공부를 집어치운 채 집 안에 틀어박혀 두문불출하며 독서에 전념할 수 있었습니다.

"그런데 이건 청나라 책이 아닌가?"

"그렇다네. 아버님께서 오래전 사신으로 청나라에 다녀오면서 구한 것일세. 필요하다면 빌려 줌세."

"누가 책이 없어서 글을 못 읽는 건가? 게을러서 그러지. 그리고 보면 자네야말로 정말 부지런한 친구일세."

정상기는 입맛을 다시며 부럽다는 듯 말했습니다.

"백성들은 일 년 내내 일만 하고도 좀처럼 먹고 살기 힘든

데, 나는 편히 앉아 책이나 읽고 있으니 오히려 몸 둘 바를 모르겠네. 관직에도 나가지 못한 서생인 내가 일도 안 하면서 하인까지 거느리고 양반으로 살 수 있는 것은 모두 선조들 덕분일세. 선조들이 물려준 재산이 없었다면 어찌 이렇게 살 수 있겠는가?"

"그건 그렇지. 하여튼 과거도 마다하고 이렇게 공부만 하는 자네가 난 부럽기도 하고 안타깝기도 하네. 허허."

정상기는 너털웃음을 지었습니다. 그러더니 소맷자락에서 지도 한 장을 꺼냈습니다.

"자네 이거 보았나? '곤여만국전도'라고 하는 지도일세. 자네가 좋아할 것 같아 가져왔지. 이걸 보니 세상은 너무 넓더군. 조선은 여기 요만큼이라니 놀랍지 않은가?"

정상기는 지도 한가운데쯤에 있는 조선을 가리키며 말했습니다.

"이 지도는 아니지만 나도 세계지도는 본 적이 있네. 그런데 이 지도는 정말 자세히 그려져 있군. 세상은 정말 넓디넓은 곳이라는 생각이 드네. 여기를 보면 청나라보다 큰 나라도 많지 않은가. 세상이 청나라 중심으로 돌아가고 있다는 생각은 조선의

지식 더하기

곤여만국전도는 서양 지리학을 처음으로 중국에 소개한 마테오 리치가 1602년에 목판으로 찍어 펴낸 지도입니다. 1603년(조선 선조 36년)에 우리나라에 전해졌고 세계지도가 타원형으로 그려져 있습니다.

착각이었나 보네."

두 사람은 지도를 보며 세상이 얼마나 넓은지, 세상에는 얼마나 많은 사람이 다양한 모습으로 살아가고 있을지에 대해 밤늦도록 이야기했습니다.

이처럼 이익은 청나라를 통해 들어온 서양의 여러 지식을 접하는 것을 즐겼습니다. 서양의 과학 기술에 관한 책뿐만 아니라 세계지도와 지리에 관한 것, 천주교에 대한 교리에 이르기까지 다양하게 공부했습니다.

또한 그는 자신이 공부한 내용을 정리해 적어 두는 것도 즐겼습니다. 친구인 성상기가 다녀간 날에도 새롭게 익힌 지

도에 관한 내용에 대해 정리해 두었습니다. 바닷가에 나가 게를 발견하면 게에 관한 자료를 찾아보고 자신의 생각을 더불어 적기도 했습니다.

> 갯가와 바다 연안에는 게가 많은데 내가 본 것에는 열 가지 종류가 있다. 여항이란 사람이 쓴 여러 책을 찾아본 결과, 물의 형태도 지대에 따라 다르고 혹 살펴서 아는 것에도 옳음과 그름이 있다.

또 담배에 대해서는 이렇게 적었습니다.

우리나라에 담배가 유행하기 시작한 것은 광해군 말부터이다. 세상에 전하기로는 남쪽 바다 가운데 있는 담파국이라는 나라에서 들어왔기 때문에 '담파'라 한다. 담배는 가래침이 목구멍에 붙어 뱉어도 나오지 않을 때 유익하고, 구역질이 나면서 침이 뒤끓을 때도 도움이 된다. 먹은 것이 소화가 안 되고 동작이 나쁠 때, 가슴이 조이면서 신물이 나올 때 유익하다. 또한 한겨울에 추위를 막는 것을 도와준다.

이렇듯 세상 만물에 대해 자신이 관찰하고 연구한 바를 적은 글들은 점점 늘어나자, 이익은 이 글들을 '사설'이라고 이름 붙였습니다. 사설이란 '자질구레하고 잡다한 글'이라는 뜻인데, 이는 이익이 자신의 글을 최대한 겸손하게 표현한 것이었습니다.

그는 평생 관직에 나가지 않았기 때문에 권력 싸움에 휘말릴 일이 없어서 당쟁이 요란하던 시대를 살았지만 일생에 특별한 굴곡은 없었습니다. 이익의 학문이 점차 높아져 사람들의 큰 존경을 받게 되자 나라에서는 벼슬을 내리려고 했습니다. 하지만 이익은 정중히 사양했고, 평생을 농민들과 똑같이 일하며 틈틈이 글을 썼습니다.

"글만 읽고 성인 된 도리만 말하면서 나라를 다스리고 천하를 다스리는 방책에 대하여 연구하지 않는다면, 그 학문은 개인 생활에 대해서는 물론이거니와 국가적 관계에서도 쓸모없는 것일 뿐이다."

이익이 한 이 말은 그가 어떤 마음으로 학문을 했는지 잘 나타내 줍니다.

그의 나이 여든이 되었을 무렵, 집안의 조카들은 그가 쓴 글들을 모아 책으로 엮었습니다. 30권 30책으로 묶인 이 책이 바로 『성호사설』입니다.

자세히 살펴보기

『성호사설』에는 어떤 내용이 담겨 있을까요?

『성호사설』은 이익이 평소에 쓴 글과 제자들의 질문에 답해 준 내용을 그의 조카들이 정리해 놓은 책입니다. 「천지문」, 「만물문」, 「인사문」, 「경사문」, 「시문문」의 5가지로 크게 분류되며, 총 3,007항목이나 됩니다.

「천지문」의 223항목은 대부분 천문과 지리에 관한 것으로 중국을 통해 들어온 서양의 천문 지식을 바탕으로 해와 달, 별, 바람, 비 등에 관해 연구한 내용이 실려 있습니다.

「만물문」의 368항목은 생활 속에서 만나는 여러 가지 사물에 대해 조사하고 생각했던 내용이 실려 있습니다. 주로 복식이나 음식, 농사, 가축 등에 관한 것인데 이외에도 벌레나 꽃, 돈 등에 관해서도 설명해 놓았습니다.

「인사문」 990항목은 정치와 제도, 사회와 경제, 학문과 사상,

그리고 혼인 관계와 제례에 관련된 내용입니다.

「경사문」1,048항목은 『시경』, 『서경』, 『주역』, 『춘추』, 『주례』, 『예기』의 육경과 『대학』, 『논어』, 『맹자』, 『중용』의 사서를 비롯한 유교 경전과 역사책에 대한 내용입니다.

「시문문」378항목은 중국 문인과 우리나라 문인의 시와 문장에 대한 평이 실려 있습니다.

『성호사설』은 이익의 학문과 사상을 연구해 볼 수 있는 자료인 동시에 고대에서 조선 후기까지 중국과 우리나라의 정치, 경제, 사회, 문화, 지리, 풍속, 사상, 역사 등을 폭넓게 살펴볼 수 있는 훌륭한 자료이기도 하답니다.

이익은 어떤 인물일까요?

이익(1681~1763)은 조선 후기의 대표적인 실학자로 평생 학문에만 몰두하면서 성리학뿐 아니라 실생활에 도움이 되는 실용 학문을 두루 공부한 인물입니다.

조선 중기의 실학자인 유형원의 학문을 이어받은 그는 당시 학자들에게 많은 존경을 받았으며 그의 사상은 제자들에게 계승되어 그의 호를 딴 '성호학파'를 이룰 만큼 깊은 영향을 끼쳤습니다.

정파 간의 대립이 치열하고 서양의 문물과 사상이 들어와 혼란했던 때에, 이익은 실용 학문에 힘쓰면서 토지 제도의 개혁을 통해 자급자족적인 농업 사회를 이룩해야 한다고 주장했습니다. 그러나 모든 것을 급히 바꾸기보다는 서서히 변화시켜 나가야 한다는 입장으로 관직보다는 학문에 몰두했습니다. 이러한 그의 실학사상은 『성호사설』 중에서도 「인사문」에 잘 나타나 있습니다. 비록 당대에는 그의 주장이 사회에 받아들여지지 않았지만, 정약용을 비롯한 후대 실학자들에게 큰 영향을 끼쳤습니다.

실학은 어떤 학문일까요?

정치·사회적으로 어지러운 조선 후기에는 백성들의 생활 또한 어려워졌습니다. 하지만 당시 학자들은 실생활과는 동떨어진 이론과 예법만 중요하게 여겨 서로 다툼이 끊이지 않았습니다. 이때 이익과 같은 학자들은 학문이 나라를 부강

하게 하고, 백성들의 생활을 풍족하게 하는 데 도움이 되어야 한다고 주장하였습니다. '실생활에 도움이 되는 학문'이라는 뜻의 실학은 여기에서 생겨난 학문입니다. 한편, 서양의 발달된 문물이 조선에 들어와 실학이 생기는 데 영향을 주기도 했습니다. 서양 문물은 대부분 실생활에 도움이 되는 것이었기 때문입니다.

  실학은 꾸준히 발전해 가며 여러 갈래로 나뉘었습니다. 농업이 중심이 되어야 한다고 주장한 '중농학파'와 상공업이 중심이 되어야 한다고 주장한 '중상학파' 등입니다. 중농학파의 대표적인 인물은 유형원, 이익, 정약용 등이 있고, 중상학파의 대표적인 인물은 유수원, 박지원, 박제가, 홍대용 등이 있습니다. 이들은 여러 주장을 내세우긴 했지만 한마음으로 백성들이 잘살고, 나라가 강해지기를 바랐습니다.

백성을 다스리는 바른 지침서
목민심서

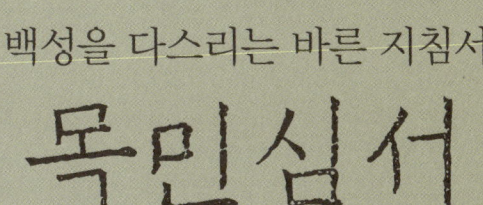

유배지에서 글을 쓰다

정약용이 부임한 황해도의 곡산 지역은 전국에서 수령들의 부패가 가장 극심한 지역으로 살기가 어려워 백성들의 원성이 높았던 곳이었습니다. 정약용이 부임하기 얼마 전에도 이계심이라는 사람이 농민들과 떼를 지어 관아에 가서 따지고 다툰 일이 있었습니다. 그래서 좌의정 김이소는 부임지로 떠나는 정약용에게 말했습니다.

"곡산은 언제 민란이 발생할지 모르니 법대로 엄히 다스리시오."

그런데 정약용이 부임한 지 며칠이 지나지 않아 이계심은 제 발로 관아로 걸어 들어왔습니다.

"나리, 이자가 나리에게 직접 말씀을 드린다고 해서 데려오긴 했습니다만 그보다는 빨리 감옥에 가두시는 것이 나을 듯하옵니다."

이방이 연신 고개를 숙이며 말했습니다.

"아무리 죽을죄를 지었다고 해도 할 말이 있다는데 어찌 듣지 않겠느냐. 그래, 무슨 일인지 말해 보아라."

지식 더하기

군포는 16세에서 60세의 건강한 남자라면 누구나 근무해야 하는 군역을 면제받기 위해 나라에 냈던 면포(베)를 말합니다. 그러나 조선 후기로 오면서는 군포가 의무가 되어 버려 백성들의 큰 부담이 되었습니다.

정약용이 묻자 관아 마당에 무릎을 꿇은 이계심은 이야기를 시작했습니다.

"백성들에게 부과된 군포는 일 년에 면포 한 필씩입니다. 전임 부사는 면포 한 필 대신 구백 전의 돈을 거둬 갔습니다. 그런데 면포 한 필의 값은 이백 전밖에 안 됩니다. 그러니까 전임 부사는 거둬들인 돈으로 면포를 사서 한양으로 보내고 나머지 돈을 중간에서 가로챈 것입니다. 그런데도 저를 벌하려 하니 어찌 억울하지 않겠습니까. 그래서 도망을 다니던 중 새로운 부사가 왔다는 이야기를 듣고 이렇게 제 발로 관아에 찾아온 것입니다."

이계심은 품속에서 종이 한 장을 꺼냈습니다. 그곳에는 관청이 백성들로부터 빼앗아 간 것들에 관한 내용이 자세히 적혀 있었습니다. 꼼꼼히 살펴보던 정약용의 얼굴이 어두워졌습니다. 그리고 조용히 말했습니다.

"이자를 풀어 주도록 하라."

"아니, 나리. 무슨 말씀이십니까? 풀어 주다니요? 이자는 관아를 습격한 중죄인입니다."

그러나 정약용은 고개를 저었습니다.

"백성들이 억울한 일을 당하고도 겁이 나서 대들지 못하니 관리들이 그런 식으로 행동하는 것이다. 세상에는 너와 같은 사람도 필요하다. 나 역시 올바른 고을을 만들도록 노력할 터이니 너도 이제 새사람이 되기를 바란다."

그러고는 좌우에 늘어선 아전들에게도 이렇게 말했습니다.

"백성이 있어야 나라가 있는 것이고 관청이 필요하고 관리도 필요한 것이다. 관리 때문에 백성이 있는 것이 아니다. 그러니 너희들도 백성을 위한 관리가 되어라."

그 후 곡산 지역은 크게 바뀌었습니다. 새로 부임한 고을 수령이 공정하게 판결하고 백성들의 입장에서 일을 처리한다는 소문이 퍼지자 백성들은 세금 걱정을 덜 수 있겠다며 크게 기뻐했습니다. 아전들도 더 이상 백성들을 괴롭히지 못했습니다.

"새로 온 원님 덕분에 요즘은 모처럼 살맛이 나네그려. 못된 관리들에게 시달리지 않아도 되니 마음도 편하고 말이야."

"맞아, 아무래도 이번에 우리 마을에 오신 원님은 하늘에서 보내 주신 분인 게 틀림없어."

마을 사람들은 이렇게 정약용을 칭찬했습니다.

정약용이 이렇게 곡산 부사로 일한 경험은 훗날 귀양살이를 할 때 『목민심서』를 쓴 바탕이 되었습니다.

1800년, 정약용을 아꼈던 정조가 갑자기 세상을 떠나고 열한 살의 어린 순조가 보위에 오르자 영조의 계비였던 정순왕후가 수렴청정을 시작했습니다. 그러자 권력을 잡은 노론 벽파는 천주교 신자들을 철저히 탄압했는데, 그 이유 중 하나는 벽파와 사이가 나빴던 남인 계열 중에 천주교 신자가 많았기 때문이기도 했습니다. 남인이었던 정약용은 천주교를 믿었다는 이유로 약전, 약종 형제와 함께 의금부로 끌려갔고 전라남도 강진까지 귀양을 떠나야만 했습니다.

강진의 모진 바람이 걷히고 어느덧 봄이 오고 있었습니다. 정약용은 툇마루에 나와 앉아 푸릇푸릇 싹이 움트는 들판을 바라보았습니다.

"봄이 이른 것을 보니 올해는 농사가 잘되겠구나. 아, 이번이 여기서 맞이하는 몇 번째 봄인고……."

곰곰이 헤아려 보니 벌써 열일곱 해나 되었습니다. 그사이 그의 머리에도 하얗게 서리가 내렸습니다. 정약용은 한숨을 내쉬었습니다. 그때 그에게 글을 배우는 마을의 어린 제자 한 명이 사립문으로 들어섰습니다. 비록 귀양 중이었지만 그의 학문이 깊은 것을 알고 그에게 가르침을 얻기 위해 여기저기서 찾아오는 제자들이 많았습니다.

"스승님, 오늘은 날이 많이 따스합니다. 별고 없으셨는지요?"

"그래. 나는 괜찮다. 글공부는 열심히 했느냐?"

"네. 하지만 『대학』은 읽고 또 읽어도 그 뜻이 넓고도 깊어 가늠하기가 힘듭니다. 아무래도 제 공부가 미치지 못하는 듯싶습니다."

"허허. 그래도 읽고 또 읽다 보면 깨우칠 날이 있을 것이다."

"네, 스승님. 그런데 쓰고 계시던 책은 다 마무리하셨는지요?"

"『목민심서』 말이냐? 그래. 며칠 전에 드디어 끝냈구나."

"대단하십니다. '목민'이라면 '백성을 돌본다'는 뜻이 아닙니까?

> **지식 더하기**
>
> 『대학』은 사서오경의 하나인 유교 경전입니다. 사서는 『논어』, 『맹자』, 『대학』, 『중용』을 말하고, 오경은 『시경』, 『서경』, 『역경』, 『춘추』, 『예기』를 말합니다.

그렇다면 지방의 수령들이 읽는 책인가 봅니다. 그런데 '심서'는 무슨 뜻입니까?"

제자는 눈을 동그랗게 뜨며 궁금한 듯 물었습니다.

"내가 직접 수령이 되어 백성들을 돌보고 싶은 마음은 가득하나 그러지 못하니 마음 '심(心)' 자를 넣어 '심서'라 붙인 것이다."

『목민심서』는 백성을 어떻게 다스려야 하는지에 대해 쓴 것이었지만 결국은 백성을 사랑하는 그의 마음이 담긴 백성을 위한 책이기도 했습니다. 어린 제자는 백성을 너무도 아끼는 스승의 마음에 코끝이 찡해졌습니다.

그해 가을, 정약용은 18년 만에 귀양에서 풀려나 고향으로 돌아왔습니다. 어느덧 그의 나이 쉰일곱이었습니다. 정약용은 비록 귀양살이에서 모진 고생을 했지만, 홀로 지내는 동안 연구할 시간을 많이 가질 수 있었던 덕분에 학문에 정진해 대실학자로 이름을 남기게 되었습니다.

자세히 살펴보기

『목민심서』에는 어떤 내용이 담겨 있을까요?

『목민심서』는 지방 관리가 부임했을 때부터 임기를 마칠 때까지 지녀야 할 마음가짐에 대해 써 놓은 책입니다. 부임편부터 해관편까지 모두 12편으로 구성되어 있으며, 이는 각각 6조씩 모두 72조로 되어 있습니다. 각 조에는 수령으로서 지켜야 할 원칙과 규범들, 그리고 그에 대한 구체적인 설명과 함께 자신의 생각을 달아 놓았습니다.

내용에는 '수령은 백성과 가까운 관리이므로 다른 관직보다 그 임무가 중요해 반드시 덕행과 신망과 위신을 갖춘 적임자를 임명해야 한다.', '수령은 언제나 청렴하고 절약하며 뇌물을 받지 말아야 한다.', '개인적인 씀씀이를 절약하는 것은 보통 사람도 할 수 있지만 공적인 씀씀이를 절약하는 사람은 드물다. 공적인 물건을 자신의 것처럼 본다면 어진 수령이라고 할 수 있다.' 등이 있습니다.

정약용은 어떤 사람일까요?

정약용(1762~1836)은 아버지 정재원의 5남 2녀 중 4남으로, 비록 어머니가 서로 다르기는 했으나 약현, 약전, 약종, 약용, 약황 다섯 아들은 우애가 남달랐고, 학문도 뛰어났습니다. 특히 정약용은 네 살에 『천자문』을 배웠고 일곱 살에는 처음 시를 지었을 정도였습니다.

열여섯 살 때부터 이가환과 이승훈에게 이익의 학문을 배웠고, 형 약종과 이벽을 통해 서학을 접했습니다. 또한 윤휴, 유형원, 허목, 이익 등에게 영향을 받은 남인 학자로서 무너져 가는 조선 왕조의 문제점을 바로잡고자 했습니다. 1789년 문과에 급제한 후 여러 관직을 두루 거쳤고 경기도 암행어사로 파견되기도 했습니다. 또한 수원 화성의 설계를 맡았으며 거중기, 활차를 고안하기도 했습니다. 그러나 천주교 박해 때 강진으로 유배되었다가 풀려난 뒤에는 학문 연구와 글쓰기에만 전념해 『목민심서』 등 503권 182책을 남겼습니다.

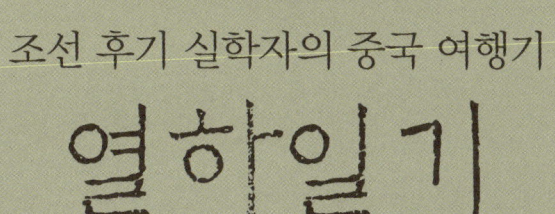

조선 후기 실학자의 중국 여행기

열하일기

청나라에 첫발을 내딛다

이른 봄, 처남의 집에 얹혀살고 있는 박지원에게 팔촌 형인 박명원이 찾아왔습니다.

"여보게, 지원이 안에 있는가?"

"아니, 명원 형님 아니십니까? 여기까지 어인 일이신지요?"

박지원은 버선발로 뛰쳐나왔습니다. 그는 타협을 모르고 좋고 싫음이 분명한 데다, 매사에 옳고 그름을 따지는 성격이었기 때문에 그의 주변에는 사람들이 많지 않았습니다. 게다가 벼슬 한자리도 하지 못한 채 글만 읽다 보니 살림살이가 말이 아니었습니다. 마음고생도 많이 한 탓에 박지원은 마흔넷의 나이에 머리카락이 벌써 백발이었습니다.

"이번 여름에 청나라에 가게 되었네. 7월에 청나라 황제의 칠순 잔치가 있거든. 일전에 자네가 부탁한 것도 있고 해서 자네 몫으로 수행원 자리 하나를 마련했네. 함께 가겠나?"

"아니, 정말이십니까? 가야지요. 당연히 가야지요. 제가 얼마나 청나라에 가기를 학수고대

했는데요. 걱정하지 마십시오. 꼭 가겠습니다. 그리고 형님의 은혜는 잊지 않겠습니다."

"알았네. 그럼 내 그렇게 알고 돌아가겠네."

박지원은 청나라의 문물과 제도에 관심이 많았습니다. 그래서 청나라에 다녀온 사람들이 쓴 책을 구해 읽거나 그들을 직접 만나서 이야기 듣기를 좋아했습니다. 그와 가깝게 지내던 홍대용은 이미 15년 전에 청나라에 다녀왔고, 후배인 이덕무와 박제가도 2년 전에 다녀온 터였습니다. 그들의 이야기는 무척 신기하고 놀라웠습니다. 그래서 자신도 꼭 한 번 청나라에 다녀오고 싶다는 생각에 먼 친척인 팔촌 형에게 부탁을 해 둔 터였습니다.

햇볕이 따스한 1780년 5월 25일, 드디어 박지원을 포함한 사절단은 한양을 출발했습니다.

"그동안 꿈꾸었던 신학문을 직접 경험할 수 있다니 가슴이 벅차구나. 이번 여행을 통해 중국의 발전된 문물을 몽땅 배워 와야지."

국경을 넘으면서 박지원은 이렇게 중얼거렸습니다. 하지만 연경에 도착하자 청나라 황제가 열하로 피서를 떠나 있다는 소식을 듣게 되었고 일행은 다시 그곳까지 찾아가야 했습니다. 이미 20여 일을 달려온 터라 몸은 지쳐 있었지만 그는 이 여행의 모든 과정을 날짜별로 자세히 기록했습니다.

박지원은 말이 통하지 않는 사람들과는 글로 이야기를 나누면서 사귀었고 무엇이든 궁금하면 물어서 배웠습니다. 그

리고 이런 사실을 꼼꼼히 기록했습니다.

어느 날, 조선에서는 보지 못한 낙타를 처음 본 박지원은 이렇게 썼습니다.

낙타들은 한결같이 크고, 작은 놈이 없다. 모두 엷은 흰빛에 약간 누런빛을 띠고 있다. 털은 짧고 머리는 말과 다름없다. 작은 눈매는 양과 비슷하다. 꼬리는 말이나 소처럼 생겼다. 걸을 때는 목을 움츠리고 머리를 쳐든다. 마치 해오라기처럼 생겼다. 무릎은 마디가 둘이며 발은 두 쪽으로 쪼개졌다. 학처럼 걷고 거위처럼 소리를 낸다.

또 당시 조선에는 없던 수레를 보고는 이렇게 썼습니다.

어떤 사람들은 우리 조선은 산과 계곡이 많아 수레를 쓰기에 적당하지 못하다고 한다. 이런 얼토당토않은 소리가 어디 있는가? 나라에서 수레를 이용하지 않고 보니 길을 닦지 않는 것이오, 수레만 쓰게 된다면 길은 저절로 닦일 것이 아닌가? ……그래도 사방의 넓이가 몇천 리나 되는 나라에 백성의 살림살이가 이다지도 가난한 까닭은 대체 무엇이겠는가? 한마디로 말하면 수레가 없는 탓이다. ……수레는 왜 못 다니는가? 이것도 한마디로 대답하면 모두가 선비와 벼슬아치들의 죄이다. 양반들은 평생에 읽는다는 것이 입으로만 읽을 뿐이며, 수레를 만드는 법이 어떠하며 수레를 부리는 기술은 어떠한가 하는 데는 연구가 없으니 이야말로 건성으로 읽는 풍월뿐이요, 학문에야 무슨 도움이 될 것인가? 어허! 한심하고도 기막힌 일이다.

극과 극의 평가

박지원은 청나라의 발전된 문물은 배워야 한다고 생각했지만 그렇다고 무조건 청나라가 훌륭하다고 여기지는 않았습니다. 그래서 그는 청나라 학자들과 대화할 때도 언제나 당당했습니다. 중국의 옳지 못한 제도는 지적했고, 자신이 공부한 과학적인 지식도 들려주었습니다.

"오, 놀랍소. 그런 과학적 원리가 있었구려. 작은 나라 조선에도 그대와 같은 훌륭한 학자가 있다니. 우리가 배워야 할 것이 아주 많습니다. 허허."

청나라의 유학자들은 필담으로 이렇게 박지원을 칭찬했습니다.

연행에서 돌아온 후, 박지원은 청나라에서 겪은 이야기를 글로 썼는데, 이것이 바로 『열하일기』입니다. 우리나라의 기행문 가운데 으뜸으로 손꼽히는 이 책에는 압록강을 건널 때부터 요동의 성경, 산해관을 거쳐 북경으로 갔다가 다시 열하로 향하고 다시 북경으로 돌아오기까지 약 두 달간의 여행이 날짜순으로 생생하게 쓰여 있습니다. 또 중국의 자연과 기후, 풍속, 제도, 문물뿐 아니라 다리, 가옥, 도로, 배 등의 구조물까지 자세히 다루고 있습니다. 더구나 이러한 설명들이 어찌나 흥미진진한지 웬만한 소설보다 긴장감과 재미를 줄 정도였습니다.

『열하일기』는 발간되자마자 당시 지식인들에게 큰 인기를 끌었습니다. 하지만 평가는 극과 극이었습니다.

"이번에 박지원이 쓴 글을 읽어 보았나? 너무 재미있어서 어젯밤에 다 읽어 버렸다네."

"뭐라고? 그 말도 안 되는 책 말인가? 자네는 그 책이 지금 재미있다고 말하는 건가? 순 상놈의 글이던데."

"그럼, 자네도 읽긴 읽었나 보네 그려."

"흥. 더 이상 말 말게. 자네가 그런 책을 계속 읽는다면 이제 다시는 자네를 안 볼 걸세."

이렇게 『열하일기』를 읽은 사람들의 반응은 크게 달랐습니다.

> **지식 더하기**
>
> 『열하일기』에는 당시 사회 제도와 양반 사회를 비판하는 내용이 많이 담겨 있었습니다. 그래서 나라를 다스리는 사람들이나 권력을 가진 사람들에게 배척당했고, 필사본으로만 전해 오다가 1901년 김택영에 의해 처음 간행되었습니다.

하층민들과 나눈 농담이나 토속적인 속담이 군데군데 담겨 있어 당시의 지식인들이 쓰던 점잖은 글과는 완전히 다른 형식이었습니다. 그러다 보니 많은 양반은 그의 글을 싫어했고 '경박하다'고 표현하기까지 했습니다. 당시 임금이었던 정조도 박지원의 문장이 비속하다고 지적할 정도였습니다. 또한 권력을 가진 이들에게도 미움을 받았습니다. 왜냐하면 박지원은 『열하일기』에서 청나라의 발달된 문물을 조선도 받아들여야 한다고 주장했기 때문입니다. 하지만 그때까지도 조선의 양반들은 청나라를 오랑캐 족속이라 하여 우습게 여기

고 있었습니다. 그뿐만 아니라 박지원은 실생활에 아무런 도움이 되지 못하는 성리학에만 매달려 있는 것은 한심한 일이라고 적었기 때문에 당시의 유학자들은 이를 괘씸하게 생각했습니다.

그래도 박지원은 『열하일기』 덕분에 유명해졌고 '선공감감역'이라는 벼슬도 얻었습니다. 도로 공사 등을 감독하는 정구품의 하급 관리였지만 나이 쉰에 드디어 생계를 유지할 수 있는 관직을 얻게 된 것입니다.

자세히 살펴보기

『열하일기』에는 어떤 내용이 담겨 있을까요?

26권 10책으로 구성된 『열하일기』는 크게 두 부분으로 나뉘는데, 1권부터 7권은 여행 경로를 기록한 것이고, 8권부터 26권은 여행에서 보고 들은 것들을 자세히 기록한 것입니다. 그중 「도강록」에서는 굴뚝과 구들 등 집의 구조와 배, 우물, 가마 등의 원리를 설명하고 있고, 「성경잡지」에서는 여행 중에 만난 사람들과 나눈 대화와 그곳의 풍경, 절 등을 소개하고 있습니다. 「일신수필」에서는 수레에 대해서 자세히 기록했고, 「막북행정록」에서는 연경에 겨우 도착한 일행이 청나라 황제가 피서를 떠났다는 말에 뒤따라가며 겪은 숱한 고생을 생생히 풀고 있습니다.

박지원은 어떤 인물일까요?

박지원(1737~1805)은 조선 후기 실학사상의 하나인 '북학파'의 대표적 인물입니다. '북학파'는 18세기 이후 청나라의 새로운 기술 문명을 배우자고 주장한 학파인데, 청나라에 다녀온 젊은이들을 중심으로 만들어졌습니다. 박지원의 집안은 이름은 있었으나 아버지가 벼슬을 하지 않았었기에 생활 형편은 어려웠습니다. 과거에 응시했으나 낙방하자 글 읽기에만 몰두했고 홍대용, 박제가, 이덕무, 유득공 등과 친하게 지내며 북학파를 이끌었습니다. 이들은 자신들의 주장을 책으로 펴냈는데, 대표적인 것이 박제가의 『북학의』입니다.

『열하일기』를 펴낸 후 박지원은 안의 현감과 면천 군수를 거쳐 1800년에는 예순다섯 살의 나이로 양양 부사의 자리까지 올랐습니다. 그러나 정조가 갑자기 세상을 떠나고 순조가 즉위하면서 정조의 개혁이 무너지자 더 이상 관직에 미련을 두지 않고 사직했습니다.

한국 최초의 미국 유학생이 되다

저 멀리 미국 샌프란시스코의 모습이 어렴풋이 보이기 시작했습니다. 오랜 여행에 지친 승객들은 어서 빨리 항구에 도착하기를 바라는지 짐을 챙기느라 부산한 모습이었습니다.

"드디어 도착하는군. 그동안 고생 많았네."

외교 사절 단장 민영익은 유길준의 어깨를 두드렸습니다. 민영익과 유길준은 조선 정부가 미국으로 보낸 최초의 외교 사절단의 일원으로 배에 타고 있었습니다. 유길준은 일찌감치 과거를 포기하고 실학과 개화사상에 푹 빠져 있던 젊은이였습니다. 몇 년 전에도 유길준은 민영익의 적극적인 지원 아래 일본에 다녀온 적이 있었습니다.

이들 둘을 포함한 열한 명의 사절단은 7월 15일에 출발한 후 한 달 반이나 걸려 9월 2일에 미국 땅을 밟게 되었습니다. 갑판 위에 선 유길준은 새로운 세상에 대한 설렘으로 가슴이 두근거렸습니다.

'아, 미국은 과연 어떤 곳일까? 일본과는 많이 다르다고 하던데……'

배에서 내린 일행은 기차를 타고 워싱턴으로 향했습니다. 워싱턴을 시작으로 보스턴과 뉴욕 등 주요 도시를 시찰한 다음 11월에 귀국길에 오를 예정이었습니다. 도시를 둘러보는 내내 유길준은 조선과는 다른 모습에 감탄을 금치 못했습니다. 그는 미국이란 나라가 아주 마음에 들었습니다. 이곳의 발달된 문물을 배운다면 조선에도 큰 도움이 될 거라고 생각했습니다. 그런 그의 마음을 알았는지 어느 날 민영익이 이렇게 권했습니다.

"여보게, 유길준. 미국이라는 나라는 참으로 대단하지 않은가? 우리 조선도 이렇게 발전된 곳에서 배워 온 인재가 필요해. 혹시 자네가 여기에 남아 계속 공부하고 싶다면 내가 조정에 자네의 학비를 대 줄 것을 건의해 보겠네."

"정말입니까? 감사합니다. 열심히 공부해서 조선에 꼭 필요한 인물이 되도록 하겠습니다."

유길준이 뛸 듯이 기뻐하며 민영익에게 몇 번이고 인사를 했습니다.

그는 이렇게 한국 최초의 미국 유학생이 되었습니다. 스물여덟 살의 늦깎이 학생이었던 그는 매사추세츠 주 세일럼 시에서 하숙하면서 영어를 배웠습니다. 오랜 고민 끝에 상투도 잘랐습니다.

영어가 어느 정도 익숙해지자 유길준은 대학 예비 학교에 3학년으로 입학했습니다. 그는 이곳에서 처음으로 미국식 민주주의를 배웠습니다. 낯설고 물선 곳이었지만 그는 하루라도 빨리 공부를 끝내야겠다고 생각하며 부지런히 학업에 매

진했습니다.

그러나 그해 12월, 조선에서 갑신정변이 일어났다는 소식을 들은 유길준은 미국 생활을 중단하고 귀국하기로 마음먹었습니다. 흔들리는 조선을 위해 일하는 것이 더 급하다고 여겨졌기 때문이었습니다.

"미스터 유, 고향으로 돌아간다는 이야기 들었어. 조선에 안 좋은 일이 일어났다니 나도 안타까워."

같은 방을 쓰던 친구가 이별의 인사를 건넸습니다.

"그동안 고마웠어. 조선에 돌아가더라도 자네가 친절하게 대해 준 것 잊지 않을게."

"그런데 조선으로 바로 갈 거야?"

"아니, 돌아가는 길에 유럽을 잠깐 살펴보고 가려고 해. 미국에 대해서는 어느 정도 공부했으니 유럽도 한번 보려고. 지금 조선에는 세상 돌아가는 것에 대해 밝은 사람이 필요하거든."

"그래, 좋은 여행이 될 거야. 행운을 빌어."

개혁의 필요성을 전파하다

유길준은 뉴욕을 출발해 영국과 프랑스, 독일, 네덜란드, 이집트, 싱가포르, 홍콩과 일본 등을 거쳐 귀국했습니다. 하지만 그때는 개화파에 적대적이었던 청나라가 정권을 잡고 있던 시기라, 그는 조선에 도착하자마자 체포되고 말았습니다. 돌아오는 길에 일본에서 갑신정변을 주도했다가 망명한 김옥균을 만

> **지식 더하기**
>
> 갑신정변은 1884년(조선 고종 21년)에 김옥균, 박영효 등의 개화당이 명성왕후 일파를 몰아내고 조선의 완전 자주 독립과 자주 근대화를 이루기 위해 일으킨 혁명입니다. 하지만 사흘 만에 실패하고, 참가한 사람들은 모두 다른 나라로 망명하거나 피살되고 말았습니다.

났다는 것이 죄목이었습니다.

유길준을 아꼈던 고종은 청나라 때문에 어쩔 수 없이 그를 체포하긴 했지만 그의 영어 실력과 국제법 관련 지식이 필요했습니다. 그래서 감옥이 아니라 포도대장인 한규설의 별장에 연금함으로써 친구나 가족들이 자유롭게 드나드는 등 비교적 편한 상태에서 지낼 수 있도록 했습니다. 유길준은 이곳에서 나라에 필요한 외교 문서 등을 작성하는 일을 했습니다. 하지만 갇혀 지내는 그의 마음은 편하지 않았습니다.

"해야 할 일이 많은데 이렇게 갇혀 지낼 수밖에 없다니 안타깝구나."

그때 유길준이 일본에서 유학하던 시절에 만난 친구가 그에게 책 한 권을 보내왔습니다. 유학 시절의 스승이었던 후쿠자와 유키치가 쓴 『서양 사정』이라는 책이었습니다. 책 속에는 친구가 쓴 쪽지도 들어 있었습니다.

'연금 중이라고 들었네. 이 책이라도 읽으며 답답한 마음을 달래 보게. 지금 일본에서는 이 책이 베스트셀러일세.'

이 책은 일본에서 큰 인기를 끌며 많이 팔렸고 일본인들의 개화 계몽에도 큰 영향을 미친 책이었습니다.

『서양사정』을 읽으면서 며칠을 보낸 유길준은 자신도 이런 책을 써야겠다는 생각이 들었습니다.

"그래. 지금 이 나라를 위해 할 수 있는 것은 내가 듣고 본 서양의 발전된 문물에 대해 정리해서 사람들에게 소개하고, 왜 개혁이 필요한지를 알리는 거야. 조선도 하루빨리 개혁이 이루어져야 우물 안 개구리가 되지 않고 세계 여러 나라와 어깨를 나란히 할 수 있어. 그러려면 외국의 것이라도 배울 것은 배워야 해."

그는 글쓰기에 매달렸습니다. 이렇게 탄생한 책이 바로 『서유견문』입니다. 그는 책의 서문에 이렇게 밝혔습니다.

우리나라의 글자는
우리 선왕께서
창조하신
글자요, 한자는

중국과 함께 쓰는 글자이니 나는 오히려 우리 글자만을 순수하게 쓰지 못한 것을 불만스럽게 생각한다. 온 나라 사람들이 상하나 귀천, 남녀노소를 가릴 것 없이 서구 열강의 형편을 알지 못해서는 안 될 것이다.

그리고 올바르지 못한 개화에 대해서는 이렇게 설명했습니다.

외국의 모습을 칭찬하는 것을 넘어서 자기 나라를 업신여기는 폐단까지 있다. 이들을 개화당이라고 하지만 …… 사실은 이들이야말로 개화의 죄인이다. …… 자기 자신만이 천하제일이라고 여기며 심지어는 피해 사는 자들도 있다. 이들을 수구당(옛 제도를 지키기를 주장하는 당파)이라고 하지만 …… 사실은 개화의 원수다. …… 입에는 외국 담배를 물고, 가슴에는 외국 시계를 차며 …… 외국 말을 얼마쯤 지껄이는 자가 어찌 개화인이라고 할 수 있겠는가. …… 개화라는 헛바람이 들어서 마음속에 주견도 없는 한낱 개화의 병신이다.

유길준은 일반 백성들도 쉽게 읽을 수 있도록 글을 국문과 한문을 섞어서 썼습니다. 하지만 연금 상태였던 그는 책을 펴낼 수가 없었습니다. 연금이 풀린 2년 뒤인 1894년 갑오개혁 때, 유길준은 일본에 원고를 가져가 후쿠자와가 세운 코준샤라는 출판사에서 책을 펴냈습니다.

> **지식 더하기**
>
> 아관파천은 1896년 2월 11일 러시아와 친한 세력과 러시아 공사가 공모하여 비밀리에 고종을 러시아 공사관으로 옮겨 간 사건입니다. 고종이 이곳에 머무른 1년 동안 조선의 조정은 친러파가 정권을 장악했습니다.

그리고 천 권을 조선의 각계각층의 인사들에게 무료로 나누어 주면서 자신이 주도하던 갑오개혁의 필요성을 널리 알리려고 했습니다. 그러나 1896년 2월, 아관파천이 일어나 그가 일본으로 망명하면서 『서유견문』은 읽어서는 안 될 '금서'가 되는 바람에 아쉽게도 널리 읽히지 못했습니다. 하지만 지금은 개화에 힘쓴 근대 지식인의 모습이 담긴 중요한 책으로 평가받으며 두루 읽히고 있답니다.

자세히 살펴보기

『서유견문』에는 어떤 내용이 실려 있을까요?

『서유견문』은 조선 말기 유길준이 서구 여행에서 돌아와 쓴 국한문 혼용의 기행문입니다. 1885년 미국을 출발해 유럽 각국을 거쳐 돌아오는 여정 중에 듣고 본 것을 기록한 것으로 모두 20편으로 되어 있습니다.

제1, 2편은 주로 세계의 지리와 바다, 산, 강, 인종 등에 대한 설명이 담겨 있으며, 제3편부터 제14편까지는 국제 관계, 정치 체제, 인민의 권리, 법률, 교육, 상업, 조세, 화폐, 군대, 종교 등 각 분야의 근대적 개혁의 내용이 실려 있습니다. 결론에 해당하는 제14편에는 개화의 개념과 그 방법론을 설명하고 있습니다. 제15편부터 제20편까지는 서양의 풍물을 소개하는 기행문입니다. 혼례, 장례, 의복과 음식, 오락, 병원, 교도소, 박람회, 증기차 등과 서양 대도시의 모습이 상세하게 설명되어 있습니다.

유길준은 어떤 인물일까요?

유길준(1856~1914)은 우리나라 개화기의 대표적인 정치가이자 사상가로 갑오개혁과 애국 계몽 운동 등에 관여했습니다. 또한 수많은 글을 써서 우리나라에 개화사상을 알리는 데 힘쓴 인물이기도 합니다.

유길준은 열여섯 살 때부터 개화파의 지도자인 박규수에게서 학문을 배워 해외 사정을 알게 되면서 과거를 포기하고 실학책을 읽으면서 박영효와 김옥균 등 개화파 인물들과 사귀었습니다. 1881년에는 조사 시찰단에 선발되어 일본에 다녀왔고, 한국 최초의 외교 사절단으로 미국에 갔다가 유학생으로 남았습니다.

귀국 후 개화파와 관련된 일로 체포되는 바람에 7년간 연금 생활을 했고, 석방된 후에는 갑오개혁을 주도하였으며 정부의 요직을 두루 거치며 지금의 내무 장관 역할을 하는 내부 대신에 임명되었습니다. 그러나 아관파천으로 내각이 해산되자 일본으로 망명했습니다. 1907년 귀국한 뒤에는 계몽 운동에 힘썼고, 일제 강점기에는 일본의 회유에 시달렸지만 끝내 거절했습니다.